FOCLÓIR

Gaeilge – Béarla
Béarla – Gaeilge

FOLENS

ISBN 0 86121 846 9

Preas an Fhoilsitheora
Folens, Aonad 7/8 Broomhill Business Park,
Tamhlacht, BÁC 24 a chlóbhuail.

Dearadh agus leagan amach – Pilib Ó Riain

Contents

Introduction

We have made every effort to make this basic Irish – English/English – Irish dictionary as simple and as attractive as possible.

The abbreviation (n) stands for a noun – a person, a place or a thing.

The abbreviation (v) stands for a verb – an action word.

The abbreviation (a) stands for an adjective – to describe a noun.

Where you see (v & n), this means that the same word for the verb and the noun is used. Eg,
jump (v & n) ...... léim

Sometimes a different word is used for the verb and the noun. Eg,
search .... toraíocht; lorg (v)
Here the 'v' tells you that 'lorg' is the verb. ('toraíocht' is the noun.)

We hope you will enjoy and use this basic, illustrated dictionary while in Primary school.
In Secondary school you will require a larger dictionary, with more words and some phrases to show you how to use these words correctly. Meanwhile, the task of word-recognition is made easy for you here!

The editors

Is le ______________________________ an foclóir seo.

Foclóir
Gaeilge – Béarla

Aa

ab	abbot
abairt	sentence
ábalta	able
ábaltacht	ability
abhac	dwarf
abhaile	home(wards)
abhainn	river
ábhar	subject; matter
abhlann	communion host
ach (amháin)	but
a chlog	o'clock **trí a chlog** - three o'clock
achrann	quarrel
aclaí	agile
acmhainn	capacity
acra	acre
ádh	luck
adharc	horn
adhlacadh	burial
adhmad	timber
adhmadóireacht	woodwork
adhradh	worship
ádhúil	lucky
admháil	admission; receipt
aduaidh	north (from the)
ae	liver
aer	air
aerach	lively
aeráid	climate
aerdhíonach	air-tight
aerfhórsa	air force

aerfort	airport

aeróg	aerial
agallamh	interview
aghaidh	face

agóid	protest
aibhneacha	rivers
aibí	ripe
aibítir	alphabet
aibreog	apricot
aice (in aice)	near
aicearra	short-cut
aicíd	disease
aidhm	purpose
aiféala	regret
Aifreann	Mass
aigéad	acid
aigéan	ocean
aigne	mind
áiléar	attic
ailgéabar	algebra
ailigéadar	alligator
aill	cliff
áilleacht	beauty
ailtire	architect
aimiréal	admiral
aimsir	weather
aineolach	ignorant
aingeal	angel
ainm	name
ainmhí	animal
ainnir	maiden
ainnis	miserable
ainnise	misery
aintín	aunt
áirc	ark
aird	attention
airdeallach	alert
áireamh	counting

airgead .... money
airgeadóir .... cashier

airíoch .... caretaker
áisiúil .... handy
aisling .... vision
aiste .... essay
aisteach .... peculiar
aistear .... journey
aisteoir .... actor
aistriú .... translation; transfer
ait .... strange
áit .... place
aiteann .... gorse
aithne .... acquaintance
aithris .... imitation
áitiúil .... local
ál .... litter
álainn .... beautiful
a lán .... a lot
albam .... album
allas .... perspiration
alltacht .... astonishment
almóinn .... almond
alt .... joint; paragraph
altóir .... altar
am .... time
amach .... (go) out
amadán .... fool
amaideach .... foolish
amaidí .... nonsense
amárach .... tomorrow
amh .... raw
amháin .... one
ámharach .... lucky
amharc (n) .... look
amharclann ...... theatre
amhrán .... song

amhrasach .... doubtful
amú .... wasted
amuigh .... outside
anáil .... breath
análaigh (v) ...... breathe
anam .... soul
anann .... pineapple

ancaire .... anchor
anlann .... sauce
anocht .... tonight
anois .... now
anraith .... soup
anseo .... here
ansin .... there
Antartach .... Antarctic
anuraidh .... last year
aoi .... guest
aoibhinn .... delightful
aoire .... shepherd
aois .... age
aon .... one
aonach .... fair
aonad .... unit
aonar .... alone
aontaigh .... agree
aontú .... agreement
aosta .... old
ápa .... ape
ar ais .... back
arán .... bread
áras .... house
árasán .... apartment
ar barr .... on top
ard .... high
ardaigh (v) .... raise
ardaitheoir .... lift
ardán .... stage/platform

ardmháistir	headmaster
ardmháistreás	headmistress
ar dtús	at first
aréir	last night
argóint	argument
arís	again
Artach	Arctic
árthach	vessel
asal	donkey
ascaill	armpit; avenue
as láthair	absent
astralaí	astrologer
astralaíocht	astrology
áth	ford
athair	father

athair críonna	grandfather
athair mór	grandfather
áthas	joy
athraigh (v)	change
athrú (n)	change
a thuilleadh	more
atlas	atlas
atmaisféar	atmosphere

Bb

ba	cows
bá[1]	bay
bá[2]	drowning
babaí	baby
babhla	bowl
babhtáil	swap
bábóg	doll
babún	baboon

bac	hinder
bacach	lame person; beggar
bacadaíl	limping
bácáil	bake
bachall	crozier
bachlóg	bud
bácús	bakery
bád	boat
bád fartha	ferry
badmantan	badminton
bádóir	boatman
bád tarrthála	lifeboat
bagair (v)	threaten
bagairt (n)	threat
bagáiste	baggage
bagún	bacon
báicéir	baker
baile	home; town
bailé	ballet
bailigh (v)	collect
bailiúchán	collection
baincéir	banker
baineann	female

bainis	wedding reception
bainisteoir	manager
bainne	milk
bainne bó bleachtáin	cowslip
bainseo	banjo
baintreach	widow
baintreach fir	widower
bairdéir	warder
bairille	barrel
bairneach	limpet
báisín	basin
baiste	baptism
báisteach	rain

baitsiléir	bachelor
balbh	dumb
balcóin	balcony
balla	wall
balún	balloon

bán	white
banaltra	nurse
banana	banana
banbh	piglet
banc	bank
bándearg	pink
banimpire	empress
banna	band
banphrionsa	princess
banríon	queen
banúil	ladylike
baol	danger
barda	ward
barr	top
barraicín	toe
barróg	hug
barrúil	funny
barúil	opinion
bás	death
bascadh	bashing
básta	waist
bata	stick
batráil	batter
beach	bee
beag	small
beagán	a little
beagnach	almost
béal	mouth
bealach	way
bean	woman
bean chéile	wife

bean rialta	nun
bean tí	housewife
beannacht	blessing
beannaithe	holy
beannú	blessing; greeting
beár	bar
béar	bear
bearbóir	barber
bearna	gap
bearr (v)	shave
beart	parcel
béas	habit
beatha	life
béic	shout
béile	meal
beilt	belt
beirt	two persons

beith	birch
beithíoch	beast
beo	alive
beoir	beer
beola	lips
b'fhéidir	maybe
bia	food
biabhóg	rhubarb
biachlár	menu
bialann	restaurant
bibe	bib
bídeach	tiny
bille	bill
billéardaí	billiards
bindealán	bandage
binse	bench
Bíobla	Bible
biongó	bingo
biorán	pin
biorán cniotála	knitting needle

bithiúnach .... scoundrel
blaincéad .... blanket
blaosc .... shell; skull
blas .... taste
bláth .... flower
bláthfhleasc ..... wreath
bleib .... bulb
bliain .... year
bliain bhisigh .... leap year
bloc .... block
blús .... blouse
bó .... cow
bocht .... poor
bodhar .... deaf
bog .... soft
bogha báistí ..... rainbow
bóín Dé .... ladybird
boinéad .... bonnet
bóithrín .... boreen
boladh .... smell
bolb .... caterpillar

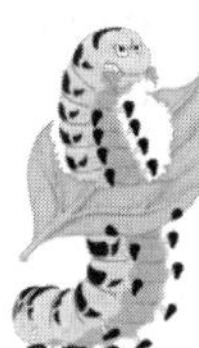

bolcán .... volcano
bolg .... stomach
bolgam .... mouthful
bolgán .... bubble; bulb
bolta .... bolt
bóna .... collar
bonn .... tyre; coin; medal
bonnán .... siren
bonnóg .... scone
bord .... table
bos .... palm
bosca .... box
both .... hut
bothán .... cabin; shed
bóthar .... road
bóthar iarainn ... railway

botún .... mistake
brabach .... profit
bradán .... salmon
braillín .... sheet
brainse .... branch
bráisléad .... bracelet
branda .... brand
braon .... drop
brat .... cloak
bratach .... flag

bráthair .... friar
breá .... fine
breac .... trout
bréag .... lie
bréagán .... toy
bréagriocht ...... disguise
bréan .... foul
bréidín .... tweed
breith .... birth
breitheamh ...... judge

breithiúnas ...... judgement
breoite .... sick
breosla .... fuel
bríce .... brick
bricfeasta .... breakfast
brídeach .... bride
briogáid .... brigade
brionglóid .... dream
briosca .... biscuit
bris (v) .... break
bríste .... trousers

broc	badger
brocach	badger's set
bród	pride
bróg	shoe
bróidnéireacht	embroidery
bróiste	brooch
brollach	chest
brón	sorrow
brónach	sad
bronntanas	gift
brostaigh (v)	hurry
brothall	heat
brú (v)	press/shove
bruíon	quarrel
bruith (v)	boil
bruitíneach	measles
bruscar	litter
bruth	rash (on skin)
bua	victory
buachaill	boy
buachaill bó	cowboy

buail (le) (v)	beat; meet (with)
buairt	sorrow
bualadh bos	clapping of hands
buama	bomb
buartha	worried
buataisí	boots
búcla	buckle
buí	yellow
buicéad	bucket
buidéal	bottle
builín	loaf
buíoch	thankful
buíochas	thanks/gratitude
buíon	troop/band
buirgléir	burglar
búistéir	butcher

bulaí	bully
bumbóg	bumblebee
bun	bottom (of)
bun na spéire	horizon
bunoscionn	upside down
buntáiste	advantage
bus	bus

busta	bust

Cc

cabaireacht	babbling
cabáiste	cabbage
cábán	cabin
cabhair	help
cabhlach	fleet
cabhraigh (v)	help
cáca	cake
cách	everybody
cad	what?
cadás	cotton
cadráil	gossip
cág	jackdaw
caibidil	chapter
caibinéad	cabinet
caibléir	cobbler
caife	coffee; café
caifitéire	cafeteria
caighdeán	standard
cailc	chalk
cailín	girl
cáiliúil	famous
caill (v)	lose
cailleach	hag/witch

caillte	lost
cáin	tax
cainéal	channel
cainneann	leek
caint	talk/speak

cainteach	chatty
caipín	cap
cairde	friends
cairdeagan	cardigan
cairdeas	friendship
cairdinéal	cardinal
cairdiúil	friendly
cairéad	carrot
cairpéad	carpet
cairt	cart
cairtchlár	cardboard
cáis	cheese
Cáisc	Easter
caisearbhán	dandelion
caisleán	castle
caith (v)	wear; throw
caitheamh aimsire	pastime
caladh	harbour
callán	noise
calma	brave
calóga	flakes
cam	crooked
camall	camel
camán	hurling stick
cam an ime	buttercup
camógaíocht	camogie
campáil	to camp
can (v)	sing
cána	cane
canáil	canal
canáraí	canary
canbhás	canvas

cancrach	cross
cancrán	crank
cangarú	kangaroo
canna	can
canú	canoe
canúint	accent/dialect
caochán	mole
caoin (v)	weep
caoineadh	weeping
caoireoil	mutton
caol	narrow
caomhnaigh (v)	conserve
caomhnú	conservation
caonach	moss
caor	berry
caora	sheep
caora fíniúna	grapes
capaillín	pony
capall	horse
captaen	captain
cara	friend
carachtar	character
carbad	chariot
carbhán	caravan
carbhat	tie (clothes)
carcair	prison

Carghas	Lent
carn (v & n)	heap/pile
carr	car
carraig	rock
carráiste	carriage
carr sleamhnáin	sledge
cárta	card
carthanach	charitable
cartún	cartoon
carúl	carol
cás	case; cage

casacht	cough
casaoid	complaint
casóg	jacket
casúr	hammer
cat	cat

catach	curly-haired
catalóg	catalogue
cath	battle
cathain?	when?
cathair	city
cathair ghríobháin	maze
cathaoir	chair
cathaoir uilleann	armchair
cathú	regret
cé[1]	quay
cé?[2]	who?
ceacht	lesson
céachta	plough
cead	permission
céad	hundred
ceadúnas	licence
ceaintín	canteen
cealg (n) (v)	sting
ceamara	camera
ceann	head
céanna	the same
ceannach (n)	buy
ceannaigh (v)	buy
ceannaire	leader
ceannaitheoir	buyer
ceannas	authority
ceann cait	owl (or **ulchabhán**)
ceann cúrsa	destination
ceanndána	stubborn
ceannlitir	capital letter
ceansaigh (v)	tame

ceansú	restraint
ceant	auction
ceantar	district
ceanúil	loving

ceap (v)	compose
ceapaire	sandwich
cearc	hen
cearc fhraoigh	grouse
céard?	what?
ceardaí	craftsman
ceardscoil	technical school
cearnóg	square
cearr	wrong
cearrbhach	gambler
ceart	right
ceart go leor	all right
ceárta	forge
ceartaigh (v)	correct
ceartú	correction
céasadh	crucifixion
ceathrar	four persons

ceathrú	quarter
céile	companion
ceiliúradh	celebration
ceilt	concealment
céim	step; degree
ceimic	chemistry
ceinteagrád	centigrade
ceintiméadar	centimetre
céir	wax
ceird	trade

ceirnín .... record
ceirt .... rag
ceist .... question
ceistigh (v) .... question
ceistiúchán .... interrogation; questionnaire
ceo .... fog
ceobhrán .... mist/drizzle
ceol .... music
cheana .... already
choíche .... forever
ciach .... hoarseness
ciall .... sense
ciallmhar .... sensible
ciap (v) .... torment
ciaróg .... beetle
ciarsúr .... handkerchief
ciceáil .... kicking

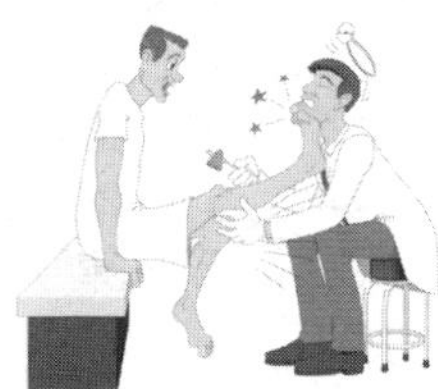

ciclipéid .... encyclopaedia
cigilt (n) .... tickle
cigire .... inspector
cíle .... keel
cileagram .... kilogramme
ciliméadar .... kilometre
cill .... church; graveyard
cillín .... cell
cime .... captive
cineál .... kind/type/sort
cineálta .... kind
cinneadh .... decision
cinniúint .... fate
cinnte .... certain
cíocras .... greed; eagerness
ciombail .... cymbals
cion[1] .... love
cion[2] .... offence

ciontach .... guilty
ciontaigh (v) .... convict
ciontú .... conviction
cíor .... comb
ciorcal .... circle
cíos .... rent
ciotach .... left-handed
ciotóg .... left hand
cipín .... little stick
círéib .... riot
ciseán .... basket
cispheil .... basketball

císte .... cake
cistin .... kitchen
citeal .... kettle
cith .... shower
ciúb .... cube
ciúin .... calm
ciumhais .... border (of thing)
ciúnas .... silence
clab .... mouth

clabaireacht .... prattling
clábar .... mud
cladach .... shore
cladhaire .... villain
claí .... stone wall
claíomh .... sword
cláirseach .... harp
clais .... water-channel
clamhsán .... grumble
clampar .... commotion

clann .... children
claonadh .... tendency
clapsholas .... twilight
clár .... board
clár éadain .... forehead
clé .... left
cleachtadh (n) ... practice
cleas .... trick
cleasach .... playful
cléireach .... clerk

cleite .... feather
cliabhán .... cradle
cliath .... hurdle (**Baile Átha Cliath** – Dublin)
cliathán .... side
cling .... tinkle
cliste .... smart
cló .... print
clóca .... cloak
cloch .... stone
clochar .... convent
clochshneachta . hailstone
clog[1] .... bell
clog[2] .... clock
clogad .... helmet
cloigeann .... skull
cloigín .... bell (of door)
clois (v) .... hear
cloisteáil .... hearing
clós .... yard
clóscríobh .... type
clóscríobhán .... typewriter
clú .... reputation
cluas .... ear
club .... club
clúdach .... cover
clúdach litreach . envelope

cluiche .... game
clúid .... corner
clúmh .... down (feathers)
cnag .... knock
cnagadh .... knocking
cnagaire .... woodpecker
cnaguirlisí .... percussion instruments
cnaipe .... button
cnámh .... bone
cnámharlach ..... skeleton
cnap .... lump
cnapsac .... knapsack
cnead (v) .... pant
cneámhaire ...... mean person
cneasta .... honest
cneasú .... healing
cniog .... tap (gentle blow)
cniotáil .... knitting
cnó .... nut
cnó capaill .... chestnut
cnoc .... hill
cnocán .... hillock

cnó cócó .... coconut
cnuasach .... collection
coca .... cock of hay
cócaire .... cook
cócaireán .... cooker
cochall .... hood
cócó .... cocoa
cód .... code
codail (v) .... sleep
codán .... fraction
codladh .... sleep
codlatach .... sleepy
cófra .... chest (press)
cogadh .... war

cogain (v)	chew
cogar	whisper

cógas	medicine
coicís	fortnight
coigil (v)	save (money)
coileach	cock
coileán	pup

coiléar	collar (for dog)
coill	wood
coim	waist
coimeádán	container
coimhlint	contest
coimín	common
coimirce	protection
coincleach	mildew
coincréit	concrete
coinicéar	rabbit-warren
coinín	rabbit
coinne	appointment
coinneáil	keeping
coinneal	candle
coinneal reo	icicle
coinnigh (v)	keep
coinníoll	condition
coinnleoir	candle-stick
coinsias	conscience
cóip	copy
cóipeáil (v)	copy
cóipleabhar	copybook
coir	crime
cóir	justice

coirce	oats
coirceog	beehive
coire	cauldron
coiréal	coral
cóirigh (v)	arrange
cóiriú	arrangement
coirm cheoil	concert
coirnéal	corner; colonel
coirpeach	criminal
coirt	bark (of tree)
coiscéim	footstep
coisí	pedestrian
cóisir	feast/party
coisreacan	consecration
coiste	committee
cóiste	coach
cois trá	by the seaside

coitianta	common
colainn	body
coláiste	college
col ceathrair	cousin
coll	hazel tree
colm	dove
colún	column
colúr	pigeon
comhaireamh	count
comhairle	advice
comharsa	neighbour
comhartha	sign
comhcheilg	conspiracy
comhlacht	business (firm)
comhluadar	company
comhoibriú	co-operation
comhrá	conversation
comhrac	fight
comhthreomhar	parallel
comónta	ordinary

comóradh .... celebration
comórtas .... competition
compánach ...... companion
comparáid .... comparison
compás .... compass

compordach ..... comfortable
comrádaí .... comrade
cón .... cone
cónaí .... dwelling
conas .... how
cóngarach .... near
cónra .... coffin
conradh .... contract
constábla .... constable
constaic .... obstacle
contae .... county
contráilte .... contrary/wrong
contúirt .... danger
copar .... copper
cor .... twist
cór .... choir
córas .... system
corc .... cork
corcán .... pot
corcra .... purple
corda .... chord
corn .... cup (trophy)
coróin .... crown
corónú .... coronation
corp .... body
corrach .... unsteady

corraí .... movement
corraigh (v) ...... move; excite
corraithe .... excited
corrmhíol .... gnat
corróg .... hip
corr éisc .... heron
cos .... leg; foot
cosa in airde ..... galloping
cosaint .... defence
cosán .... path
cosc .... prevent
coscán .... brake
cosnochta .... barefooted
cósta .... coast
costas .... cost
costasach .... costly
cosúil .... resembling
cosúlacht .... alike

cóta .... coat
cóta fearthainne . raincoat
cóta mór .... overcoat
cothrom .... level; equal
crá .... sorrow
crág .... claw; paw
craiceann .... skin
cráifeach .... religious
cráite .... tormented
crann .... tree
crann tabhaill .... catapult/sling
crann tógála ..... crane
craobh .... branch
craoladh .... broadcast
craosaire .... glutton
crap (v) .... contract
cré .... clay
créacht .... wound
créafóg .... clay

creathán ········· tremble/shake
creatlach ········· skeleton
créatúr ··········· creature
creid (v) ·········· believe
creideamh ······· belief; faith

creidiúint ········· credit
créip ·············· crepe
cré-umha ········· bronze
crián ·············· crayon
criathar ··········· sieve
críoch ············ end/limit; territory
críochnaigh (v) ·· finish
críochnúil ········ neat
críonna ··········· wise; old
crios ·············· belt
criosantamam ··· chrysanthemum
Críostaí ·········· Christian
criostal ··········· crystal
crith ·············· shiver
crith talún ········ earthquake
criú ··············· crew
cró ················ outhouse
croca ············· crock; urn
croch (v) ········· hang; hook
cróch ············· crocus; saffron
crochadh ········· hanging
crochta ··········· hung
crochtín ·········· hammock

cróga ············· brave
crogall ············ crocodile
croí ··············· heart

croiméal ·········· moustache
croitheadh ······· shaking
cróm ·············· chrome
cromán ··········· hip
crón ·············· tan; dark yellow
crónán ··········· purr
crosaire ·········· crossing
crosóg ··········· starfish
crosta ············ cross/angry

crotach ··········· curlew
crú[1] ··············· shoe (for horse)
crú[2] ··············· milking
crua ·············· hard
cruach ············ stack; steel
cruálach ·········· cruel
cruan ············· enamel
cruatan ··········· hardship
crúb ·············· hoof; claw
crúca ············· hook
cruib ·············· crib
cruicéad ·········· cricket
cruimh ··········· maggot
cruinn ············ round
cruinne ··········· globe
cruinnigh (v) ····· gather
cruinniú ·········· meeting
crúiscín ·········· small jug
cruithneacht ····· wheat
crúsca ············ jug
crústa ············ crust
cruthú ············ proof; creation
cú ················ hound
cuach ············ cuckoo
cuachóg ·········· bow; knot
cuaille ············ pole
cuairt ············ visit
cuan ·············· harbour

cuar	curve
cuarán	sandal
cuardach	searching
cúcamar	cucumber
cufa	cuff
cuí	proper
cuid	part/portion
cuideachta	companionship

cuid mhaith	a lot
cúige	province
cúigear	five persons
cuileog	fly
cuileann	holly
cuilt	quilt
cuimhne	memory
cuimhneamh	remembrance
cuimhnigh (v)	remember
cuimilt	rubbing
cúinne	corner
cuinneog	churn
cuir (v)	put; sow
cuireadh	invitation
cuiríní dubha	black currants
cúirt	court
cúirt leadóige	tennis court
cúirtéis	courtesy
cuirtín	curtain

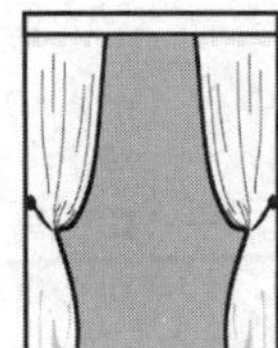

cúis	cause
cúiseamh	accusation
cúisín	cushion
cuisle	vein; pulse

cuisneoir	refrigerator
cúiteamh	compensation
cúl	rear; goal
culaith	suit
cúlchaint	backbiting
cúlchistin	back-kitchen
cúlú	reversal
cum (v)	compose

cuma	shape/form
cumadh	invention
cumann	society
cumas	capability
cumhacht	power
cumhdach	cover; protect
cumhra	fragrant
cumhrán	perfume
cúnamh	help

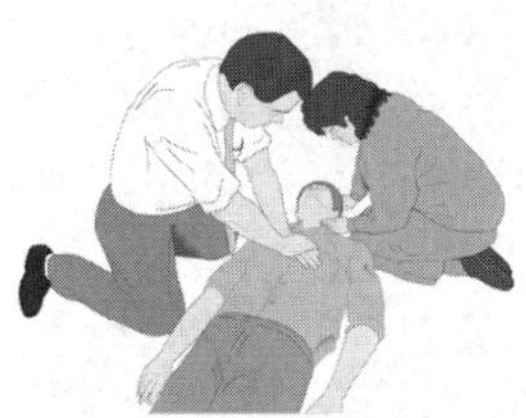

cúng	narrow
cunta	count (aristocrat)
cuntar	counter
cuntas	account
cúntóir	assistant
cupán	cup
cupard	cupboard
cúpla	couple; twins
cúpón	coupon
cur	sowing (seed)
cúr	foam/froth
curach	curach
cúram	responsibility

cúramach .... careful
curfá .... chorus
cúrsa .... course; affair
cur siar .... postpone
cur síos .... description
cuspa .... model
custaiméir .... customer
custard .... custard
cúthail .... shy

Dd

dabhach .... tub; pond
dá bhrí sin .... therefore
dabht .... doubt
dada .... nothing
dáilia .... dahlia
daingean .... secure; fort
dainséar .... danger

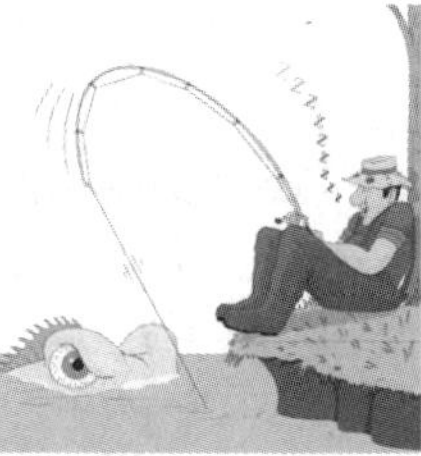

dair .... oak
dáiríre .... serious
dairt .... dart
dairtchlár .... dartboard
daite .... coloured
dall .... blind
dallóg .... blindfold, blind (window)
dalta .... pupil
damáiste .... damage
damba .... dam
damhán alla ..... spider

damhsa .... dance

dán .... poem
dána .... bold
danartha .... cruel
daoine .... people
d'aon ghnó ...... on purpose
daonna .... human
daonnaí .... human being
daonra .... population
daor[1] .... slave
daor[2] .... expensive
daoránach (n) .... convict
dar liom .... it seems to me
dáta .... date
dath .... colour
dathannach ...... colourful
dathúil .... good-looking
deabhadh .... hurry
deacair .... difficult
deachúlach ...... decimal
deacracht .... difficulty
déad .... tooth
déagóir .... teenager
dealaigh (v) ...... subtract
dealbh[1] .... statue
dealbh[2] .... destitute
dealbhóireacht .. sculpture
dealg .... thorn
dealramh .... appearance
dealú .... subtraction
deamhan .... demon
déan (v) .... do; make
déanach .... late
déanamh .... doing; manufacture
deann .... sting; pang
deannach .... dust
déantús .... manufacture

dearadh	design
dearbhú	proof
dearcadh	outlook
dearcán	acorn
dearfa	certain
dearg	red
dearmad	forgetfulness
dearnáil	darn
deartháir	brother
deas	nice
deasc	desk

deasca	dregs
deasóg	right hand
deatach	smoke
deic	deck
deichniúr	ten persons
deifir	hurry/haste
deighilt	separation
déileáil	deal (with people)
deilgneach[1]	chicken-pox
deilgneach[2]	thorny

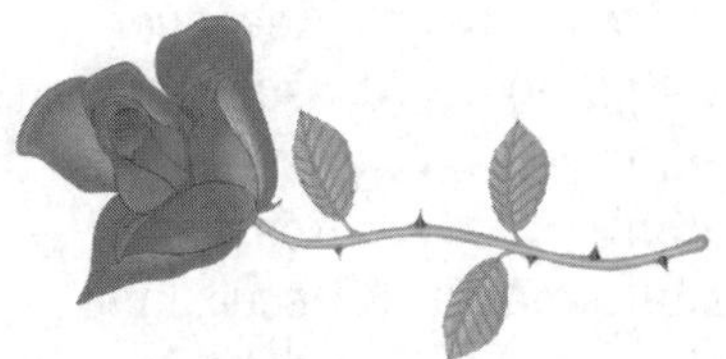

deimheas	shears
deimhin	certainty
déirc	charity
deireadh	end
deireadh seachtaine	week-end
deireanach	last; late
deirfiúr	sister
déirí	dairy

deis	right hand; opportunity
deisceabal	disciple
deisceart	south
deisiú	repair
deismir	tidy
déistin	nausea; disgust
deoch	drink
deoir	tear; drop
deontas	grant
deoraí	wanderer; emigrant
de shíor	always
Dia	God
diabhal	devil
diail	dial
dialann	diary
diallait	saddle
diamant	diamond
diamhair	mystery
dian	hard/severe
díbir (v)	expel
díbirt	expulsion
dícheall	best endeavour
dichéillí	foolish
dídean	shelter
difríocht	difference
difriúil	different
díle	flood
dílis	loyal
dílleachta	orphan
dineasár	dinosaur

dinimít	dynamite
dinnéar	dinner
díobháil	loss; damage
díobhálach	harmful
díocasach	keen
díog	ditch; drain

díograis .... fervour
díol (v) .... sell
díolachán .... sale
díoltas .... revenge
díomá .... disappointment
díomhaoin .... idle
diomúch .... displeased
díon .... roof
diosca .... disc
díoscán .... squeak; creaking
díospóireacht .... debate
díreach .... straight
dírigh (v) .... straighten
dísle .... dice
díth .... loss/deprivation
dithneas .... haste
diúc .... duke
diúité .... duty
diúl .... suck
diúlach .... fellow/lad
diúltú .... denial
dlí .... law
dlúth .... compact
dó .... burning
dobharchú .... otter
dobhareach ...... hippopotamus
dobrón .... sorrow/grief
dochar .... harm/hurt
dóchas .... hope
docht .... rigid
dochtúir .... doctor

dóchúil .... probable
doicheall .... unwillingness
dóighiúil .... handsome
doiléir .... vague
doiligh .... difficult
doimhneacht .... depth

doinsiún .... dungeon
doire .... grove; wood
doirseoir .... doorman
doirt (v) .... pour
doirteadh .... pouring

doirteal .... sink
dóiteán .... fire
dol .... loop
domhain .... deep
domhan .... world; earth
dona .... bad
donas .... misery
donn .... brown
doras .... door
dorcha .... dark
dorn .... fist
dornálaí .... boxer
dorú .... fishing line
dosaen .... dozen
dóthain .... enough
dragan .... dragon
draíocht .... magic

dráma .... play
dramhaíl .... trash
drannadh .... snarling
drantán .... growling
draoi .... wizard; druid
drár .... drawer
dreach .... facial expression
dréacht .... draft
dream .... group of people

dreancaid .... flea
dréimire .... ladder
dreo .... decay
dreoilín .... wren
dreoilín teaspaigh ..... grasshopper
dríodar .... dregs
dris .... bramble
drithle (n) .... sparkle
drithligh (v) ...... sparkle
droch- .... evil
drogall .... reluctance
droichead .... bridge

droichead tógála drawbridge
droim .... back
dromchla .... ridge
dronn .... hump
dronuilleog ...... rectangle

dronuillinn .... right angle
drúcht .... dew
drúchtín .... slug (white)
druga .... drug
druid .... starling
druid (v) .... close
druileáil .... drill
druma .... drum
dua .... toil
duairc .... gloomy
duais .... prize
dualgas .... duty
duán .... hook (for fishing)

dúbailt .... double
dubh .... black
dubhach .... sorrowful
dúch .... ink
dúchas .... heritage; native place
dufair .... jungle
duga .... dock
dúiche .... district
dúil .... desire
duilleog .... leaf
duilliúr .... leaves
duine .... person
dúisigh (v) .... wake
dul chun cinn .... progress
dumpáil .... dump
dún[1] .... fort

dún[2] (v) .... close
dúnmharú .... murder
dúnta .... closed
dúramán .... stupid person
dúshlán .... challenge
dusta .... dust
dúthracht .... devotion

Ee

éacht .... feat
éachtach .... wonderful
eachtra .... adventure
éad .... envy
éadach .... cloth
éadaí .... clothes
éadáil .... profit

éadan	forehead
éadóchas	despair
éadrom	light (weight)
éag	death
éagaoin	moan
eagar	order; arrangement
eagla	fear
eaglais	church
eagna	wisdom
éagóir	wrong; injustice
eagraíocht	organization
eagrú	organize
éagsúil	various/different
eala	swan
ealaín	art
eallach	livestock
éalú	escape
éan	bird
eangach	net
éanlaith	birds
earc	lizard; reptile
éarlais	deposit
earrach	spring (season)
earraí	goods/merchandise
eas	waterfall

easaontas	disagreement
éasca	easy
eascaine	curse
eascann	eel
easna	rib
easnamh	lack (of)/ absence
easóg	stoat
easpag	bishop
eibhear	granite
éide	clothes/uniform
eidhneán	ivy
éigean	force

eilifint	elephant
Éire	Ireland
eireaball	tail
éirí	rise
éirigh (v)	get up; succeed
éirí gréine	sunrise
éirim	talent
éisc	fish (many)
éist (v)	listen
eite	wing
eiteach	refusal
eitil (v)	fly

eitleán	aeroplane
eitleog	kite
eochair	key
eolach	knowledgeable
eolaí	scientist
eolaíocht	science
eolas	knowledge
eorna	barley

fabhar	favour
fabhra	eyelash
fad	length
fada	long
fadálach	tedious
fadhb	problem
fadó	long ago
fág (v)	leave
faic	nothing
faiche	lawn
faichill	care/caution

fáidh .... prophet
fail .... hiccup
faill .... cliff
faillí .... neglect
faillitheach .... negligent
fáilte .... welcome
fáinleog .... swallow (bird)
fáinne .... ring
faire .... to watch
fairsing .... extensive
fairtheoir .... sentry
fáisc (v) .... press/squeeze
fáiscín .... clip
faisean .... fashion
faisnéis .... report/information
fáistine .... prophecy
fáithim .... hem
faithne .... wart
faitíos .... fear

fál .... fence/hedge
falla .... wall (or **balla**)
fallaing .... cloak
falsa .... false
fáltas .... income
fan (v) .... wait; stay
fán .... straying/wandering
fána .... slope

fánaí .... wanderer
fann .... faint
fanntais .... swoon/faint
faoileán .... seagull

faoileoir .... glider
faoiseamh .... relief
faoistin .... confession
fara .... roost (hen)
farraige .... sea
fás .... growth
fásach .... desert
fata .... potato (or **práta**)
fáth .... cause/reason
fathach .... giant
feá .... beech
feabhas .... excellence
féach (v) .... look
fead (v) .... whistle
feadán .... tube
feadóg .... whistle
feall .... deceit
fealltach .... deceitful
feamainn .... seaweed
fean .... fan
feannadh .... flay
fear .... man
féar .... grass
féarach .... pasture
fearacht .... like
fear an bhainne .. milkman
fear an phoist .... postman
fearas .... equipment
fear bréige .... scarecrow
fear céile .... husband
fear dóiteáin ..... fireman
fearg .... anger
fearr .... (**maith**=good; **níos fearr**=better)
fearsaid .... spindle
fear sneachta .... snowman

fearthainn .... rain
fearúil .... manly
féasóg .... beard
feasta .... from now on
féasta .... feast
feic (v) .... see
feidhm .... function
féidir .... possible
féile .... generosity; festival
féileacán .... butterfly
feilestram .... iris
féilire .... calendar
feiliúnach .... suitable
feilt .... felt
féirín .... gift

feirm .... farm
feirmeoir .... farmer
feis .... festival
feisteas .... furnishings; dress
féith .... vein
feitheamh .... wait
feithicil .... vehicle
feithid .... insect
feo .... withering
feochadán .... thistle
feoigh (v) .... wither
feoil .... meat; flesh
feothan .... gust
fí .... weaving
fia .... deer

fiabhras .... fever

fiach[1] .... hunt
fiach[2] .... raven
fiacha .... debt
fiacla .... teeth
fiaclóir .... dentist

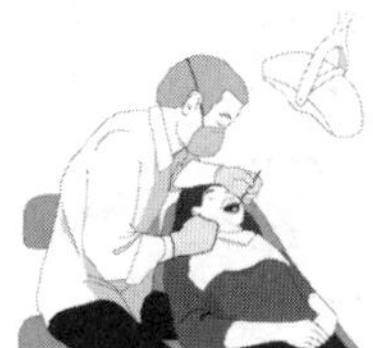

fiafraigh (v) ...... question
fiagaí .... huntsman
fiaile .... weeds
fiáin .... wild
fial .... generous
fianaise .... testimony
fiarlán .... zig-zag
ficheall .... chess
fidil .... fiddle
fidléir .... fiddler
fige .... fig
figh (v) .... weave
figiúr .... figure
file .... poet
filíocht .... poetry
filiméala .... nightingale
filleadh .... return; fold
fínéagar .... vinegar
fíniúin .... vine
finné .... witness
finscéal .... fable/fiction
fíoch .... fury
fíochmhar .... furious
fíodóir .... weaver
fíon .... wine
fionn .... fair
fionnadh .... fur
fionnuar .... cool
fiontar .... risk
fíor[1] .... true
fíor[2] .... outline/figure
fios .... knowledge

fiosrach .... inquisitive
firéad .... ferret
fireann .... male
fíric .... fact
fírinne .... truth
físeán .... video
fiú .... worth
fiuchadh .... boiling
fiúntas .... worth
fiús .... fuse
flainín .... flannel
flannbhuí .... orange (colour)
fleá .... feast
fleá cheoil .... festival of music
flichshneachta ... sleet
fliú .... influenza
fliuch .... wet
fliúit .... flute
flúirseach .... abundant
focal .... word
fochupán .... saucer
foclóir .... dictionary
fód .... sod
fógair (v) .... announce
fógairt .... call
fogha .... lunge
foghail .... plundering
foghlaim .... learning

fógra .... notice
foiche .... wasp
foighne .... patience
foighneach .... patient
foinse .... source
foireann .... staff; team
foirfe .... complete
foirgneamh .... building
fóirithint .... help

foirm .... form
foirnéis .... furnace
fóir orm! .... help!
fóisc .... ewe
folach .... covering/hiding
folach bíog .... hide-and-seek
folamh .... empty
folcadán .... bath-tub
folcadh .... bath; wash
folláin .... healthy
folmhaigh (v) .... empty
folt .... hair

foluain .... fluttering
folús .... emptiness
fómhar .... autumn
fomhuireán .... submarine
fón .... telephone
fónamh .... usefulness
fonn[1] .... tune
fonn[2] .... desire
fonnmhar .... desirous
fonóid .... jeering
fónta .... useful
foraois .... forest
forbairt .... development
forc .... fork
foréigean .... violence
forleathan .... widespread
formad .... envy
formhór .... majority
fórsa .... force
fortún .... fortune
fós .... yet
foscadh (n) .... shelter
fosta .... also
fostaigh (v) .... employ
fostú (n) .... employment

fothain .... shelter
fothrach .... ruin
fothram .... noise
frainse .... fringe
fráma .... frame
francach .... rat
fraoch .... heather
frása .... phrase
freagra .... answer
fréamh .... root (or **préamh**)
freastal .... attendance
freastalaí .... waiter

freisin .... also
friochtán .... frying pan
friotháil .... attention
frog .... frog
fuacht .... cold
fuachtán .... chilblain
fuadach .... kidnapping
fuadar .... rush
fuáil .... sewing
fuaim .... sound
fuaimint .... soundness
fuaimniú .... pronunciation
fuar .... cold
fuascail (v) .... release
fuath .... hate
fuil .... blood
fuílleach .... remains
fuilteach .... bloody
fuinneamh .... energy
fuinneog .... window
fuinseog .... ash (tree)
fuíoll .... remainder
fuip .... whip
fuisce .... whiskey
fuiseog .... lark

fulaing (v) .... suffer
furasta .... easy
fústar .... fuss

Gg

gá .... need
gábh .... danger
gabha .... smith
gabha dubh ...... blacksmith
gabha geal .... silversmith
gabháil .... catch/seizure
gabhar .... goat
ga ciorcail .... radius of circle
gadaí .... thief
gadaíocht .... thieving
gadhar .... dog
Gaeilge .... Irish language
gág .... crack
ga gréine .... sunbeam
gailearaí .... gallery
gaineamh .... sand
gairbhéal .... gravel
gairdín .... garden
gáire .... laugh
gairid .... short (or **gearr**)
gairm .... occupation
gairmscoil .... vocational school
gaiscíoch .... warrior; hero

gaiste .... trap
gáitéar .... gutter
gal .... steam
gála .... gale
galf .... golf

gallúnach	soap
gallúntraí	soap (TV)
galún	gallon
gamal	fool
gamhain	calf

gandal	gander
gann	scarce
ganntanas	shortage
gaol	relationship
gaoth	wind
garáiste	garage
garbh	rough
garda	guard
gardáil (v)	guard
garg	rude
garraí	garden
garrán	grove
garsún	boy
gas	stalk
gás	gas
gasta	clever; fast
gasúr	young boy
gátar	distress
gé	goose
geab	chatter
géag	branch; limb
geal	bright
gealach	moon
gealbhan	sparrow
geall	bet
geallta	engaged; promised
gealltanas	promise
gealt	lunatic
geamaireacht	pantomime
gean	affection
geansaí	jersey
geanúil	lovable

géar	sharp
gearán	complaint
gearr[1]	short
gearr[2] (v)	cut
gearrcach	nestling
geata	gate
géill	surrender
géilleadh	submission
géim	roar
geimhreadh	winter
geir	suet
geit	fright
geoiméadracht	geometry (also **céimseata**)
giall	jaw

giar	gear
ginearál	general
giodamach	giddy
gíog	chirp
giolcach	reeds
giolla	man-servant
gíománach	chauffeur
giorria	hare
giota	bit/piece
giotár	guitar
girseach	young girl
giúiré	jury
giúis	fir tree
giúmar	humour/mood

glac (v)	accept
glam	howl

glan (v) .... clean
glantóir .... cleaner
glaoch .... call
glas[1] .... lock
glas[2] .... green; grey
glasóg .... wagtail
glasraí .... vegetables
glé .... bright
gleacaí .... acrobat
gleann .... valley
gleanntán .... dell
gléas .... instrument
gléas (v) .... tune; dress
gléasta .... dressed
gléigeal .... white; bright
gléineach .... transparent

gleo .... noise
gleoite .... pretty
glic .... cunning
gliogar .... jingle
gliomach .... lobster
gliondar .... gladness
glioscarnach .... glistening
gliú .... glue
gloine .... glass
glóir .... glory
glór .... voice
glórmhar .... glorious
gluais (v) .... move
gluaiseacht .... movement
gluaisrothar .... motor-cycle
gluaisteán .... car
glúin .... knee
gnách .... ordinary
gnaíúil .... beautiful
gnás .... custom
gnéas .... sex

gníomh .... deed
gníomhach .... active
gnó .... business
gnóthach .... busy
gnúis .... countenance
gob .... beak
go brách .... forever
go dtí .... until
go háirithe .... especially
goid .... steal
goile .... appetite; stomach
goin .... wound
goirín .... pimple
goirt .... salty
góislín .... gosling
gol .... weeping
go leor .... enough
goraille .... gorilla
gorm .... blue
gort .... field
gorta .... famine
gortaigh (v) .... injure
gortú .... injury
gotha .... gesture

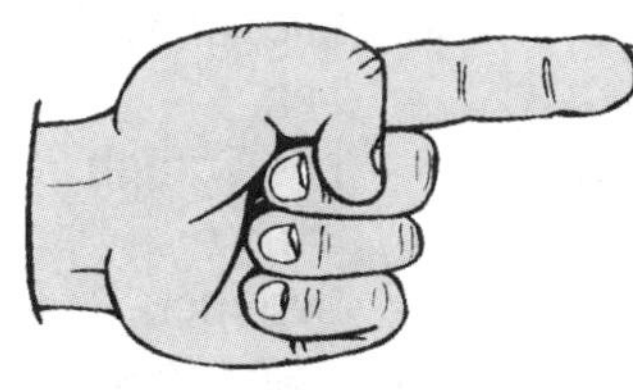

grá .... love
gradam .... distinction
graf .... graph

grafóg .... hoe
grág .... croak
gráin .... hatred
grainc .... frown

gráiniúil	hateful
gráinne	grain
gráinneog	hedgehog
gram	gram
gramadach	grammar (**graiméar**=grammar book)
grámhar	loving; lovable
gránna	ugly; disagreeable
grásta	grace
grástúil	gracious
gráta	grate
gread (v)	beat
greamaitheach	adhesive
greann	fun/mirth
greannán	comic
greannmhar	humorous/funny

gréasaí	cobbler
greim	bite; grip
grian	sun
grianghraf	photograph
grianmhar	sunny
grinneall	bed-rock
gríos	rash (on skin)
grod	sudden
grósaeir	grocer
grua	cheek
gruagaire	hairdresser
gruaig	hair
gruama	gloomy
grúdlann	brewery
grúpa	group
gruth	curds
guagach	unstable
guailleáil	swagger
guaillí	shoulders
guaire	bristle

guairneán	whirl
gual	coal
gualainn	shoulder
guí	pray
guma	gum (**guma coganta** = chewing gum)
gúna	dress
gúnadóir	dressmaker
gunna	gun
gunnán	revolver
gutaí	vowels
guth	voice
guthán	telephone

Hh

haca	hockey
hairicín	hurricane
haiste	hatch
halla	hall
hanlaí	handles
hata	hat
héileacaptar	helicopter
hiéana	hyena
húda	hood

Ii

iaguar	jaguar
iall	shoelace; leash
ialtóg	bat (flying)
iarann	iron
iargúlta	isolated
iarla	earl
iarnóin	afternoon
iarnród	railway
iarracht	attempt

iarraidh .... request
iarta .... hob
iasacht .... loan
iasachta .... foreign
iasc .... fish (one)
iascaire .... fisherman
iascaireacht .... fishing
iata .... closed
i bhfad .... far
íde .... ill-usage
idéalach .... ideal
ifreann .... hell
i gcoinne .... against
i gcomhair .... for
i gcónaí .... always
il- .... many
im .... butter
imeacht .... going
imeall .... border
i measc .... among
imir (v) .... play
imirce .... emigration
imirt .... playing
imlíne .... outline
imní .... anxiety
imníoch .... anxious
impí .... implore
imreas .... strife
in aice .... beside
in ann .... able
inbhear .... river-mouth
inchinn .... brain
indéanta .... possible
in éineacht .... together
Inid .... Shrovetide (**Máirt na hInide**) = Pancake Tuesday)
iníon .... daughter
iníor .... grazing
inis .... island
inis dom .... tell me
iniúchadh .... scrutiny
inlasta .... inflammable

inné .... yesterday
innéacs .... index
inneall .... engine
inneall dóiteáin .... fire engine
innealra .... machinery
innealtóir .... engineer
inneoin .... anvil
innilt .... grazing
inniu .... today
inse[1] .... hinge
inse[2] .... water-meadow
insint .... narration
instealladh .... injection

intinn .... mind
intleacht .... intellect
íoc .... payment
íochtar .... bottom (of)
iógart .... yoghurt
íoglú .... igloo
íol .... idol
iolar .... eagle
iolra .... plural
iolrú .... multiplication
iomad .... abundance
iomadúil .... numerous
iomaí .... many
iomaíocht .... competition

iomaire .... ridge
iománaíocht .... hurling
iomann .... hymn

iomarca .... excess
íomhá .... image; statue
iomlán .... all
iompaigh (v) ..... turn
iompar .... carry; conduct
iompú .... turning
iomrá .... rumour
iomramh .... rowing
iomrascáil .... wrestling

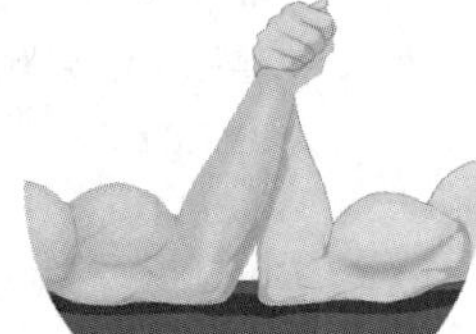

ionad .... place
ionadh .... wonder
ionann .... same
ionas go .... so that
ionga .... nail (of finger)
ionradh .... invasion

ionraic .... honest
ionsaí .... attack
iontaise .... fossil
iontaoibh .... trust
iontas .... wonder
ionúin .... beloved
iora .... squirrel
íoslach .... basement
iris .... journal
i rith .... during
ise .... she/herself
íseal .... low
ispín .... sausage
isteach .... into
ith (v) .... eat
iúr .... yew

Jj

jab .... job
jacaí .... jockey
jib .... jib
jíp .... jeep
júdó .... judo

Ll

lá .... day
labhairt .... speaking
lá breithe .... birthday
lách .... friendly
lacha .... duck
lacht .... milk
ladhar .... toe
laethúil .... daily
lag .... weak
laghad .... smallness
laghairt .... lizard
laghdú .... decrease
lagú .... weakening
láib .... mud
láidir .... strong
laige .... weakness
láimhseáil .... management
laindéar .... lantern
lainseáil (v & n) .. launch
láir .... mare
láirig .... thigh
laiste .... latch
laisteas .... on the south side
laistiar .... behind
laistigh .... inside
laistíos .... below
láithreach .... immediately

láma .... llama
lámh .... arm; hand
lámhacán .... crawling
lámhach .... shoot
lamháil .... allowance
lámhainní .... gloves
lámhcheird .... handicraft
lampa .... lamp
lán .... full
lána .... lane
lann .... blade
lánúin .... couple
lao .... calf
laoch .... hero
laofheoil .... veal
lapa .... paw
lapadaíl .... paddling

lár .... middle
lárlíne .... diameter
las (v) .... light
lása .... lace
lasadh .... lighting
lasair .... flame
lasán .... match (to light)
lasánta .... flaming
lasc .... whip
lascadh .... whipping
lasmuigh .... outside
lasta .... cargo
lastoir .... on the east side
lastuaidh .... on the north side
lastuas .... above
lathach .... mud
láthair .... place (**as láthair** = absent)
leá .... melting
leaba .... bed

leaba dhearg .... lair
leabhar .... book
leabharlann .... library
leabhragán .... bookcase
leac .... flagstone
leacht[1] .... liquid
leacht[2] .... monument

léacht .... lecture
leac oighir .... ice
leadóg .... tennis
leag (v) .... knock down
leagan .... layout
leaistic .... elastic
leamh .... insipid
léamh .... reading

leamhan .... moth
leamhnacht .... new milk
léan .... anguish
léana .... lawn
leanaí .... children
leanbaí .... childlike
leanbh .... child
leann .... ale
leannán .... darling; lover
leanúint .... following
leanunach .... continuous
leapacha .... beds
léaráid .... diagram
léargas .... insight
léarscáil .... map
léasadh .... thrashing

leasainm	nickname
leasú	amendment
leath	half
leathadh	spreading
leathan	broad
leathanach	page
leathar	leather
leathfhocal	hint
leathóg	flat-fish

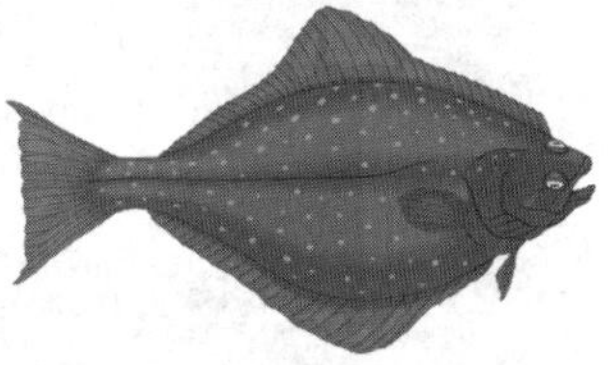

le hais	beside
leibhéalta	level
léibheann	terrace; landing
leiceann	cheek
leictreachas	electricity
leid	hint
léigear	siege
leigheas	healing
léim (v & n)	jump
léine	shirt
léir	clear
léirigh (v)	produce
léiritheoir	producer
léiriú	production
leis	also
leisciúil	lazy
leite	porridge (or **brachán**)
leithead	width
leithéid	like
leithleach	apart
leithreas	toilet
leithscéal	excuse
leitís	lettuce
le linn	during
leochaileach	fragile
leoithne	breeze
leon	lion

leonadh	sprain
leor	enough
leoraí	lorry
lia	physician

lián	propellor
liath	grey
liathróid	ball
liathróid láimhe	handball
ligean	letting
ligean ort	pretending
lile	lily
limistéar	area
líne	line
línéadach	linen
líníocht	drawing
linn[1]	pool
linn[2]	period
liocras	liquorice
líofa	fluent
líomanáid	lemonade
líomatáiste	district
líomhán	file
liomóg	pinch
líomóid	lemon
líon[1]	net
líon[2]	linen
líon[3] (v)	fill
líonmhar	numerous
líonóil	linoleum
líonolann	lint
lionsa	lens

liopard .... leopard
lios .... ring-fort
liosta .... list
lipéad .... label
lítear .... litre
litir .... letter
litrigh (v) .... spell
litríocht .... literature
litriú .... spelling
liú .... yell

liús .... pike (fish)
lobhadh .... decay/rot
lócaiste .... locust
loch .... lake
lóchrann .... lantern; torch
locht .... fault
lochtach .... faulty
lochtú .... to fault/blame
lód .... load
lofa .... rotten
log .... hollow
loiceadh .... failure
loinnir .... brightness

lóiste .... lodge
lóistéir .... lodger
lóistín .... accommodation
loit (v) .... damage
loitiméireacht .... destruction
lom .... bare
lomán .... log
lomra .... fleece

lón .... lunch
lon dubh .... blackbird
long .... ship
long chogaidh ... battle ship
longfort .... stronghold
lonnú .... settle
lorg[1] .... print
lorg[2] (v) .... search
lorga .... shin
loscadh .... burning
lú .... smallest
lua .... mention
luach .... value
luachair .... rushes
luachmhar .... valuable
luaidhe .... lead
luaith .... ashes
luamh .... yacht
luamhán .... lever
luas .... speed

luascadh .... swinging
luascán (n) .... swing
luath .... early
luathscríbh-neoireacht .... speed-writing
lúb .... loop
lúbarnaíl .... wriggling
luch .... mouse
lúcháir .... joy
luch chodlamáin dormouse
lucht éisteachta . audience
luí .... lying
luibh .... herb
luibheolaíocht ... botany
lúidín .... little finger; toe
luí gréine .... sunset

luisne	blush
lus	plant
lus an chromchinn	daffodil
lúthchleasaí	athlete

Mm

mac	son
macalla	echo
macánta	honest
macarón	macaroni
máchail	defect
machaire	plain
machnamh	reflection (mind)
mac imrisc	pupil (of eye)
mac léinn	student
mac tíre	wolf
madra	dog
madra rua	fox

madra uisce	otter
magadh	mocking
maide	stick
maide corrach	see-saw
maide luascáin	trapeze
maide rámha	oar
maidin	morning
maighnéad	magnet
mainistir	monastery
máinlia	surgeon
máinneáil	dawdling
mainséar	manger
maintín	dressmaker
maíomh	boast

maireachtáil	living
mairg	woe
mairgneach	lamenting
mairnéalach	sailor
máirseáil	march
mairteoil	beef
mairtíneach	cripple
maise	adornment

máistir	master
maith	good
maitheamh	forgiveness
maitheas	goodness
mala	brow
mála	bag
malairt	change/exchange
mála láimhe	handbag
mála scoile	schoolbag
mall	slow; late
mallacht	curse
mallaithe	accursed
mamach	mammal
mana	motto
manach	monk
manglam	jumble
mant	gap
mantach	gap-toothed
maoin	wealth
maol	bald
maorga	dignified
maoth	soft
mapa[1]	map
mapa[2]	mop
maraigh (v)	kill
marbh	dead
marc	mark
marcach	rider
marcaíocht	riding

marcshlua	horsemen/cavalry
marfach	deadly
margadh	market; bargain
margairín	margarine
marla	modelling clay
marmaláid	marmalade
marmar	marble
maróg	pudding
marú	killing
masc	mask
masla	insult
maslach	insulting
mata	mat; maths
matal	mantelpiece
matamaitic	mathematics
matán	muscle
máthair	mother
máthair chríonna	grandmother
máthair mhór	grandmother
mathshlua	crowd
meá	scales
meabhair	mind
meabhrach	mindful
meabhrú	memorize/remember
meacan bán	parsnip
meacan dearg	carrot
meáchan	weight

méadaigh (v)	increase
méadar	metre
meadhrán	dizziness
méadú	increase
meaisín	machine
meall[1]	ball
meall[2] (v)	entice
meallacach	alluring
mealladh	allurement
mealltach	enticing

meamhlach	miaowing
meán	middle
meánach	middle
méanfach	yawn
meán lae	midday
meanma	spirit
meannán	kid
meán oíche	midnight
mear	quick
méar	finger
méara	mayor
méaracán	thimble
mearbhall	bewilderment

meas	estimation/opinion
measa	worse
measartha	moderate
measc (v)	mix
meascán	mixture
meata	pale
meatachán	weakling; coward
meath	decline
meicniúil	mechanical
méid	amount
meidhreach	jolly
meigeall	goatee

méileach	bleating
meilt	grinding
méin	disposition
meirg	rust
meirleach	thief

méith	fat
meitheal	contingent
meon	disposition
mí	month
mí-	bad
mian	desire
mianach	mine
mianadóir	miner
mianra	mineral
mias	dish
mic	sons
micreafón	microphone
micreascóp	microscope
mil	honey
míle[1]	mile
míle[2]	thousand
milis	sweet
milleadh	destruction
milleán	blame
milliméadar	millimetre
millín	pellet
milliún	million
millteanach	terrible
milseán	sweet
milseog	dessert
min	meal
mín	smooth
minic	often
ministir	minister (church)
míniú	explanation
míniúchán	explanation
min sáibh	sawdust
minseach	she-goat

míobhán	dizziness
miodóg	dagger
míol mór	whale
míoltóg	midge

mion	small
mionn	oath
mionnú	swearing
mionsamhail	miniature model
miontas	mint
mionúr	minor
míorúilt	miracle
mioscais	hatred
miosúr	measure
miotal	metal
miotas	myth

miotóg	mitten
mír	bit
míreanna mearaí	jigsaw puzzle
mirlíní	marbles
misneach	courage
misniú	encourage
mistéir	mystery
mitíní	gloves
miúil	mule
mná	women

moch	early
modh	mode
móid	vow
moill	delay
móin	turf
móinéar	meadow
moing	mane
moirteal	mortar
mol	hub; pole
moladh	praise

moll	heap
moltóir	adjudicator
monarcha	factory
moncaí	monkey
mór	great
mórálach	proud
mórán	much
mórchúis	self-importance
mórchúiseach	self-important
mórshiúl	procession
mórtas	pride
mórtasach	proud
mósáic	mosaic
móta	moat
mótar	motor
mothall	mop (of hair)
mothar	jungle
mothú	feeling
muc	pig
múchadh	smothering
muc mhara	porpoise

muga	mug
muiceoil	pork
muileann	mill
muileann gaoithe	windmill

muin	back
muince	necklace
muinchille	sleeve
múineadh	teaching
muineál	neck
muinín	trust

múinte	well-behaved
muintearas	friendliness
múinteoir	teacher
muintir	family
muir	sea
muirín	family
muirnín	darling
muisiriún	mushroom
mullach	top
mungail (v)	munch
múnla	mould
murach	if not
murascaill	gulf
murlán	knob
murnán	ankle
murúch	mermaid
músaem	museum
múscailt	awakening
mustar	arrogance
mustard	mustard

Nn

nádúr	nature
nádúrtha	natural; kindly
naíchóiste	pram
náid	nought
naimhde	enemies
naimhdeach	hostile
naíolann	nursery
naíonán	infant
naipcín	napkin
náire	shame
náisiún	nation
náisiúnta	national
namhaid	enemy
naofa	holy
naomh	saint
naomhóg	currach (in Munster)
naonúr	nine persons

naprún .... apron
nathair .... snake
neacht .... niece
neachtar .... nectar
nead .... nest
néal .... cloud
neamart .... neglect
neamh .... heaven
neantóg .... nettle
néaróg .... nerve
neart .... strength
néata .... neat
neirbhíseach ..... nervous
nia .... nephew
nicil .... nickel
nigh (v) .... wash
nimh .... poison

nimhneach .... vindictive
níochán .... laundry
níolón .... nylon
niúmóine .... pneumonia
nocht .... naked
nod .... hint
nóiméad .... minute
nóin .... noon
nóinín .... daisy
Nollaig .... Christmas

nós .... custom
nóta .... note
nua .... newness

nua-aimseartha .. modern
nuacht .... news
nuachtán .... newspaper
nuair .... when
núis .... nuisance

Oo

obair (n) .... work
obair bhaile ...... homework
obráid .... operation
ócáid .... occasion
ochlán .... sigh
ochtapas .... octopus
ochtar .... eight persons
ocrach .... hungry
ocras .... hunger
ó dheas .... southwards
ofráil .... offering
óg .... young
ógánach .... youth
oibleagáid .... obligation
oibrí .... worker
oibrigh (v) .... work
oibriú .... working

oíche .... night
oide .... tutor
oideachas .... education
oideas .... recipe
oidhre .... heir
oifig .... office
oifig an phoist ... post office
oifigeach .... officer
óige .... youth

oigheann .... oven
oighear .... ice
oileán .... island
oilithreach .... pilgrim
oiliúint .... nurture
oilte .... skilled
oilteacht .... training; proficiency; skill
oinniún .... onion
oiread .... amount
oiriúnach .... suitable
oirthear .... east
oisre .... oyster
ól (v) .... drink
ola .... oil
olagón .... wailing
olann .... wool
olc .... evil
olcas .... badness
oll- .... great
ollmhargadh ..... supermarket
ómós .... homage
onóir .... honour
ór .... gold
óráid .... oration/speech

oráiste .... orange
órang-útan .... orang-utan
ord .... order
ordaigh (v) .... order
ordóg .... thumb
ordú .... order/command
órga .... golden
orgán .... organ
orlach .... inch
ornáid .... ornament
ósais .... oasis
oscail (v) .... open

osna .... sigh
ospidéal .... hospital
ósta .... lodging
óstlann .... hotel
ostrais .... ostrich
othar .... invalid/patient
otharcharr .... ambulance
otharlann .... infirmary
othras .... sickness; ulcer
ó thuaidh .... northwards

Pp

pá .... wages
pábháil .... paving
paca .... pack
pacáil (v & n) ..... packing
pacáiste .... package
págánach .... pagan
paicéad .... packet
paidir .... prayer
páil .... stakes
pailin .... pollen
pailliún .... pavilion
pailm .... palm
páipéar .... paper
páirc .... field
páirceáil (v) ...... park
pairifín .... paraffin
páirt .... part
páirtí .... party
paisinéir .... passenger

paiste .... patch
páiste .... child

páistiúil .... childlike
pálás .... palace
paltóg .... blow
pancóg .... pancake
panda .... panda
panna .... pan
pantar .... panther
pár .... parchment
paráid .... parade
paraisiút .... parachute
pardún .... pardon
parlús .... parlour
paróiste .... parish
pas .... pass
pasáiste .... passage
patachán .... leveret
patraisc .... partridge
patrún .... pattern
pátrún .... patron
peaca .... sin
péacóg .... peacock

peann .... pen
peann luaidhe ... pencil
péarla .... pearl
pearóid .... parrot
pearsa .... person
pearsanta .... personal
peata .... pet
peil .... football
peileacán .... pelican

péine .... pine (tree)

péint .... paint
péinteáil .... painting
péintéir .... painter
péire .... pair
peireascóp .... periscope
péist .... worm
peiteal .... petal
peitreal .... petrol
péitseog .... peach
pian .... pain
pianó .... piano
piasún .... pheasant
píb .... pipe (bag-pipe)
píce .... fork
picil .... pickle
picnic .... picnic
pictiúr .... picture
pictiúrlann .... cinema
pigmí .... pigmy
piléar .... bullet

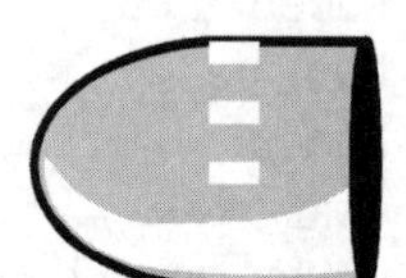

piliúr .... pillow
pingin .... penny
píobaire .... piper
píobán .... pipe
piobar .... pepper
pioc .... nothing
piocadh .... picking
piocóid .... pickaxe
pióg .... pie
piollaire .... pill
píolóta .... pilot
piongain .... penguin
pionna .... peg
pionós .... punishment
pionsúr .... pincers
pionta .... pint
píopa .... pipe (smoking

píoráid .... pirate
piorra .... pear
píosa .... piece
piostal .... pistol
píotón .... python

pirimid .... pyramid
piscín .... kitten
piseanna .... peas
pis talún .... peanut
pitséar .... pitcher
plá .... plague
plab .... plop
pláinéad .... planet

plaisteach .... plastic
plámás .... flattery/cajolery
plána .... plane
planda .... plant
plásóg .... lawn
plástar .... plaster
pláta .... plate
plean .... plan
pléasc .... explosion
pléata .... pleat/fold
pléigh (v) .... discuss
plóisiúr .... pleasure
plobaireacht ..... babbling
plódaithe .... crowded
plota .... plot
pluais .... cave
pluc .... cheek
plúch (v) .... smother

plúchta .... smothered
pluda .... mud
pludgharda ...... mudguard
pluga .... plug
pluiméir .... plumber
plúirín sneachta . snowdrop
pluma .... plum
plúr .... flour
pobal .... community
poblacht .... republic
poc .... buck; 'puck'
póca .... pocket
pocléim .... buck-jump

póg (v) .... kiss
poibleog .... poplar
poiblí .... public
pointe .... point
poirceallán .... porcelain
póirse .... porch
póirseáil .... rummaging
póirtéir .... porter
poitigéir .... chemist
póitseáil (v) ...... poaching
poll .... hole
polla .... pole
pónaire .... bean
ponc .... point
poncaíocht .... punctuation
pór .... seed
port .... tune; jig
portach .... bog
portán .... crab
portráid .... portrait
pós (v) .... marry
pósadh .... wedding
pósae .... posy

post .... post/job
póstaer .... poster
pota .... pot
potaire .... potter
praghas .... price
práinn .... hurry
praiseach .... mess
praiticiúil .... practical
pram .... pram

pras .... quick
prás .... brass
práta .... potato
preab .... bounce; throb
preabadh .... jump out
préachán .... crow
príobháideach ... private
prioc (v) .... prick
priocaire .... poker
príomh- .... prime
prionsa .... prince
prios .... press
príosún .... prison
príosúnach ...... prisoner
próca .... crock

proifid .... profit
puball .... tent
púca .... hobgoblin
púdal .... poodle
púdar .... powder
puifín .... puffin
puipéad .... puppet

punann .... sheaf
punt .... pound
punta .... punt
púróg .... pebble
pus .... sulky expression
puth .... puff
putóg .... gut

Rr

rabhadh .... warning
rabharta .... flood
rabhlaer .... overall
raca[1] .... rack
raca[2] .... comb
ráca .... rake
racán .... uproar
rachmas .... wealth
racht .... outburst
radaitheoir .... radiator
radharc .... sight/view
ráfla .... rumour
rafta .... raft
raic .... wreck; uproar
raicéad .... racket
raidhse .... abundance
raidió .... radio
raidis .... radish
ráille .... railing
raiméis .... nonsense
rainse .... ranch
ráiteas .... statement
ráithe .... season
raithneach .... bracken
rámh .... oar
rámhaille .... delirium
rámhaíocht ...... rowing
ramhar .... fat
rang .... class
rannóg .... section

raon .... range
rás .... race
rásúr .... razor
ráta .... rate
rath .... prosperity
rathúnas .... prosperity
réabadh .... shattering
réabhlóid .... revolution

reacht .... law
réalta .... star
réaltógach .... starry
réamh- .... before
réamhrá .... preface
réasún .... reason
réasúnta .... reasonable
réidh .... ready
réigiún .... region
reilig .... graveyard
réimse .... range
réinfhia .... reindeer
réiteach .... agreement
réiteoir .... referee
reithe .... ram
reo .... frost
reoigh (v) .... freeze
reoite .... frozen
rí .... king

riachtanas .... need/necessity
riail .... rule
rialta .... regular
rialtas .... government

rialú .... rule
riamh .... ever
rian .... trace
riar .... administration
riasc .... marsh
ribe .... bristle
ribín .... ribbon
ridire .... knight
righin .... stiff; stubborn
ríl .... reel
rím .... rhyme
rince .... dance
rinn .... point
rinse .... wrench
ríocht .... kingdom
ríoga .... royal
ríomhaire .... computer

rírá .... uproar
rís .... rice
rísín .... raisin
rith (v) .... run
rithim .... rhythm
róba .... robe
robáil .... rob
roc .... ray (fish)
ród .... road
rógaire .... rogue
rogha .... choice
roicéad .... rocket
roimh ré .... before
roinnt .... divide
roiseadh .... rip
rolla .... roll
rómhar .... digging
rón .... seal (mammal)
ronnach .... mackerel
rópa .... rope

ropadh	stab
rós	rose
rosta	wrist
róstadh	roasting
rosualt	walrus
roth	wheel
rothar	bicycle
rothlú	whirl
rua	russet; red-haired
ruathar	rush; attack
rubar	rubber
rud	thing
rufa	frill
ruga	rug
rúibín	ruby
rúid	spurt
rúitín	ankle
rún	secret
rúnaí	secretary
runga	rung
rúta	root

Ss

sá	stab
sábh	saw
sábháil	save/rescue
sábháilte	safe
sabhaircín	primrose
sac	sack
sága	saga
sagart	priest
saibhir	rich
saibhreas	wealth
saighdeoireacht	archery
saighdiúir	soldier
saighead	arrow
sáil	heel
sailchuach	violet
sáile	sea-water

saileach	willow
sailéad	salad
saineolaí	expert
sáinn	trap
saint	greed
sairdín	sardine
sáirsint	sergeant
sais	sash
sáith	enough
salach	dirty
salachar	dirt
salaigh (v)	dirty
salann	salt
samhail	image
samhailteach	imaginary
samhlaíocht	imagination
samhlú	imagine
samhradh	summer

sampla	example/sample
santach	greedy
saoi	wise person
saoire	holiday
saoirse	freedom
saoisteog	pouffe
saol	life
saolú	birth
saonta	naïve
saor (v & a)	free
saoránach	citizen
saothar	labour
saotharlann	laboratory
sár-	best

sáraigh (v)	overcome
sárú	overcoming
sásamh	satisfaction
sásar	saucer
sáspan	saucepan
sásta	satisfied
sásúil	satisfactory
satail	tread
satailít	satellite
scadán	herring
scagaire	filter
scaif	scarf
scáil	shadow; reflection

scáileán	screen
scáinte	sparse
scaipeadh	scattering
scaird	squirt
scairdeán	cascade
scála	scale
scall (v)	scald
scalltán	nestling
scamall	cloud
scannán	film
scanradh	fright
scanraigh (v)	frighten

scaob	scoop
scaoileadh	loosening/release
scaoilte	loose/free
scaradh	separation
scaraoid	tablecloth

scata	group
scáta	skate
scáth	shade
scáthán	mirror
scáth fearthainne	umbrella
scáthlán	shelter
sceabha	slant
sceach	bramble; bush
sceach gheal	whitethorn
sceadamán	throat
scéal	story
sceallóga	chips
sceamh	yelp
sceana	knives
sceanra	cutlery
scéimh	beauty
sceimhle	terror
sceirdiúil	bleak
sceitse	sketch
sciáil	ski
scian	knife
sciath	shield
sciathán	wing
scige	giggling
scil	skill
sciob (v)	snatch
scioból	barn
sciobtha	fast

sciorr (v)	slide/slip
sciorta	skirt
scipeáil	skip
scipéir	skipper
scíth	rest
sciuird	dash
sciúr (v)	scrub
sclábhaí	slave; labourer
sclamh	snap

Seomra Ranga

amchlár	timetable	**cóipleabhar**	copy book	**peann luaidhe**	pencil
badhró	biro	**criáin**	crayons	**péint**	paint
bioróir	sharpener	**cuimleoir**	eraser	**scuaba péinte**	paint brushes
cás pionsal	pencil case	**marcóirí**	markers	**téacsleabhar**	textbook

Ollmhargadh

admháil	receipt	**saor in aisce**	free	**sóinseáil**	change
aisíoc	refund	**scipéad cláraithe**	cash register	**tairiscint speisialta**	special offer
lascaine	discount	**sladmhargadh**	sale		

scláta	slate
scléip	merriment
scoil	school
scoilt	split
scoilteadh	splitting
scóladh	scald
scoláire	scholar
scoláireacht	scholarship
sconna	tap
sconsa	fence; drain
scór	score
scornach	throat
scrábáil (v & n)	scribble

scréach	screech
scríbhneoireacht	writing
scríobadh	scrape
scríobh	write
scrios	destroy
scriostóir	destroyer
scriú	screw
scrogall	long thin neck

scrúdú	examination
scuab	brush
scuaine	queue
scunc	skunk
scútar	scooter
seabhac	hawk
séabra	zebra
seachain	take care
seachrán	straying

seachtain	week
seachtar	seven persons
seacláid	chocolate
seadóg	grapefruit
seafóid	nonsense
seagal	rye
seaicéad	jacket
seál	shawl
séala	seal (on letter)
sealán	noose
seamair	clover
seamróg	shamrock
sean	old
séan[1]	sign
séan[2] (v)	deny
seanaimseartha	old-fashioned
seanathair	grandfather
seanchaí	story-teller
seanchas	tradition
seanduine	old person
seanfhaiseanta	old-fashioned
seanfhocal	proverb
seang	slender
seangán	ant

seanmháthair	grandmother
seanmóir	sermon
seans	chance
seantán	shack
searbh	bitter
searc	love
searg (v)	wither
searmanas	ceremony
searrach	foal
seas (v)	stand
seascair	snug
seasta	permanent
seastán	stand

séasúr ········ season
seic ········ cheque
seiceáil ········ check
seid ········ shed
séid (v) ········ blow
séideán ········ gust
seift ········ plan
seile ········ saliva
seilf ········ shelf
seilg ········ hunt
seilide ········ snail
séimh ········ gentle
seinm ········ playing (music)
seinnteoir ········ performer (of music)

séipéal ········ church
seirbhís ········ service
seirbhíseach ········ servant

seisear ········ six persons
seisiún ········ session
seitreach ········ neigh
seodra ········ jewelry
seoid ········ jewel
seol ········ sail
seoladh ········ address
seomra ········ room
siamsa ········ entertainment
siar ········ back; to the west
sibhialta ········ civil
sicín ········ chicken
sileadh ········ dripping
síleáil ········ ceiling

siléar ········ cellar
silín ········ cherry
simléar ········ chimney
simpeansaí ········ chimpanzee
simplí ········ simple
sinc ········ zinc
sine ········ teat
singil ········ single
síniú ········ signature
sinsear ········ senior
sinséar ········ ginger
síob ········ lift
sioc ········ frost
síocháin ········ peace
síoda ········ silk
sióga ········ fairies
síol ········ seed
sionnach ········ fox
siopa ········ shop
sioráf ········ giraffe
siorc ········ shark
síoróip ········ syrup
síos ········ down
siosúr ········ scissors
sip ········ zip
siúcra ········ sugar
siúinéir ········ carpenter
siúil (v) ········ walk
siúlóid ········ stroll
siúr ········ sister (nun)
siúráilte ········ sure
slabhra ········ chain
slaghdán ········ a cold
sláinte ········ health

sláintiúil ········ healthy
slán ········ farewell

Ainmhithe Fiáine

séabra

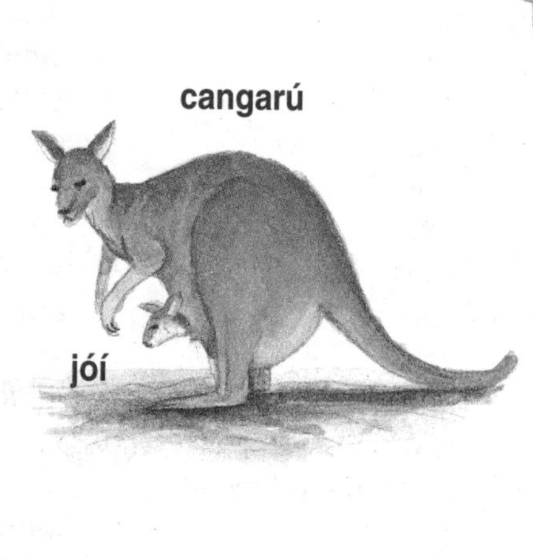
cangarú

jóí

sioráf

eilifint

leon

piongain

nathair

tíogar

béar	bear	**iolar**	eagle	**panda**	panda
crogall	crocodile	**míol mór**	whale	**siorc**	shark
deilf	dolphin	**moncaí**	monkey	**srón-**	
goraille	gorilla	**ostrais**	ostrich	**bheannach**	rhinocerous

Peataí

An Fheirm

asal	donkey	**geirbil**	gerbil	**meannán**	kid
capall	horse	**góislín**	gosling	**muc ghuinc**	guinea pig
gabhar	goat	**hamstar**	hamster	**searrach**	foal
gé	goose	**iasc órga**	goldfish	**tarbh**	bull

Slánaitheoir	Saviour
slat	rod
slat draíochta	magic wand
sleá	spear
sleamhain	slippery
sléibhte	mountains
slí	way
sliabh	mountain

slí bheatha	career
slinn	slate
sliogán	shell
sliotar	hurley ball
slipéar	slipper
slis	slice
slogadh	swallow
sloinne	surname
slua	crowd
sluasaid	shovel
smacht	discipline
smachtaigh (v)	control
smachtú	control
smál	smudge
smaoineamh	idea
smaragaid	emerald
sméar	berry
smidiríní	smithereens
smig	chin
smólach	thrush
smuigleáil	smuggle

snag breac	magpie

snaidhm	knot
snámh	swim
snap	snap
snas	polish
snáth	thread
snáthaid	needle
sneachta	snow
sníomh	spinning
snoígh (v)	carve
snúcar	snooker
só	comfort
sobal	foam
soc	nozzle
socair	steady
sochar	benefit
sochma	placid
sochraid	funeral
socrú	arrangement
sodar	trot
soicéad	socket
soicind	second
soilbhir	cheerful
soiléir	obvious
soilire	celery
soilse	lights
soir	eastward
sóisear	junior
solas	light
soláthar	provide
sollúnta	solemn

sona	happy
sonas	happiness
sonc	nudge
sorcas	circus
sorcóir	cylinder
sornóg	stove
sórt	sort/kind

sórtáil (v)	sort
sos	pause
spád	spade
spáinnéar	spaniel
spaisteoireacht	sauntering
spáráil	sparing
sparán	purse
spás	space
spásaire	astronaut
spáslong	spaceship
speabhraídí	hallucinations
speach	kick
spéaclaí	spectacles

spéir	sky
spéis	interest
speisialta	special
spéisiúil	interesting
spiaire	spy
spíce	spike
spideog	robin
spionáiste	spinach
spíonán	gooseberry
spiorad	spirit
spíosra	spice
splanc	spark
spléachadh	glance
spól	spool
spórt	sport
spota	spot
spraoi	fun
spré	dowry
sprionga	a spring
sprionlóir	miser
spuaic	steeple
spúinse	sponge
spúnóg	spoon
sracadh	drag

sráid	street
sráidbhaile	village
sraith	row
srann	snore
sraoth	sneeze
sról	satin
srón	nose
srónbheannach	rhinoceros
sruthán	stream
stábla	stable
stáca	stake
stad (v & n)	stop
staidéar	study
staighre	stairs
staighre beo	escalator
stail	stallion
stailc	strike

stair	history
stáisiún	station
stáitse	stage
stálaithe	stale
stalla	stall
stampa	stamp
stán[1]	tin
stán[2] (v)	stare
staonadh	abstention
starrfhiacail	fang

stát	state
stealladh	downpour
stéig	steak
stíl	style

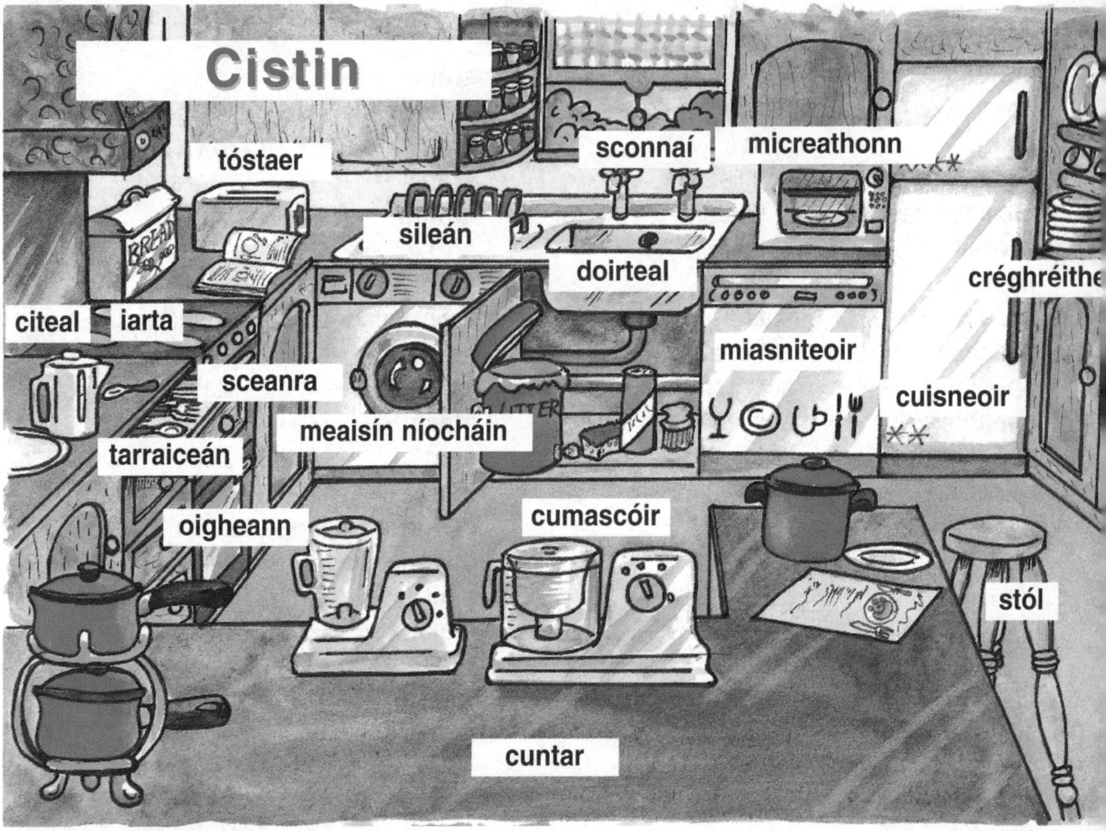

Cistin

tóstaer
sconnaí
micreathonn
sileán
doirteal
créghréithe
citeal
iarta
miasniteoir
sceanra
cuisneoir
meaisín níocháin
tarraiceán
oigheann
cumascóir
stól
cuntar

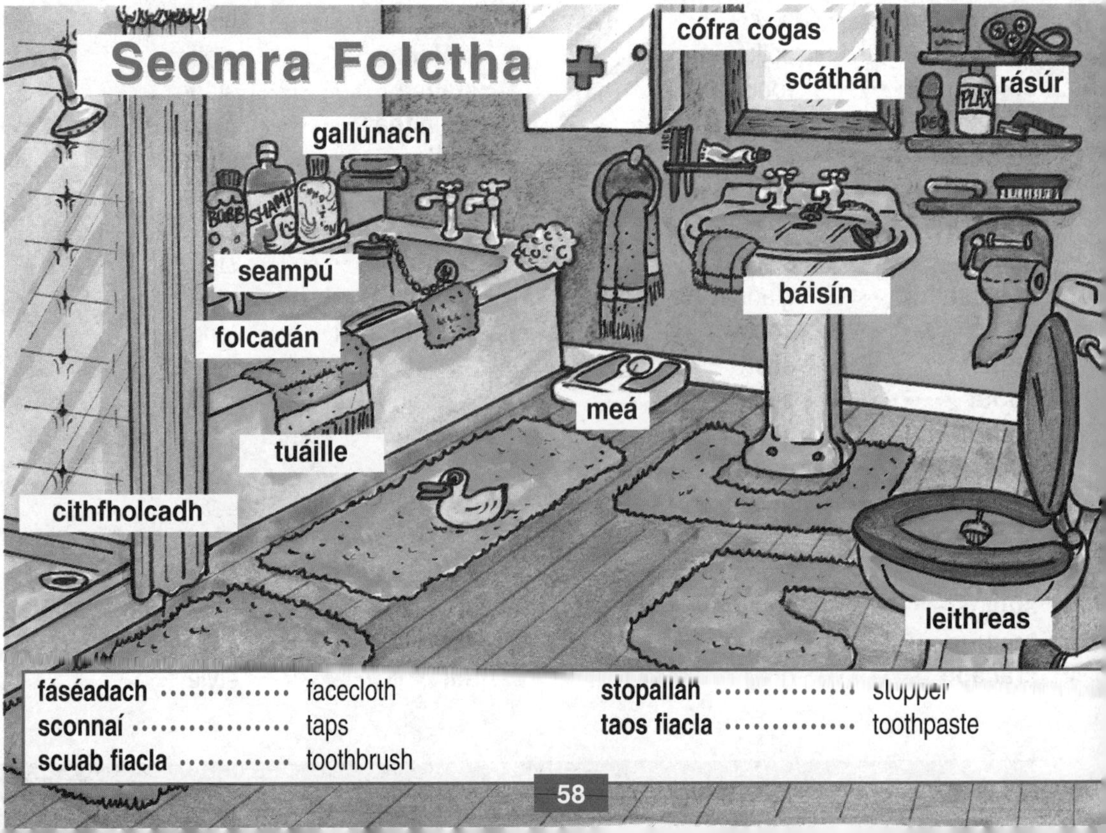

Seomra Folctha

cófra cógas
scáthán
rásúr
gallúnach
seampú
báisín
folcadán
meá
tuáille
cithfholcadh
leithreas

fáséadach	facecloth
sconnaí	taps
scuab fiacla	toothbrush
stopallán	stopper
taos fiacla	toothpaste

Seomra Leapa

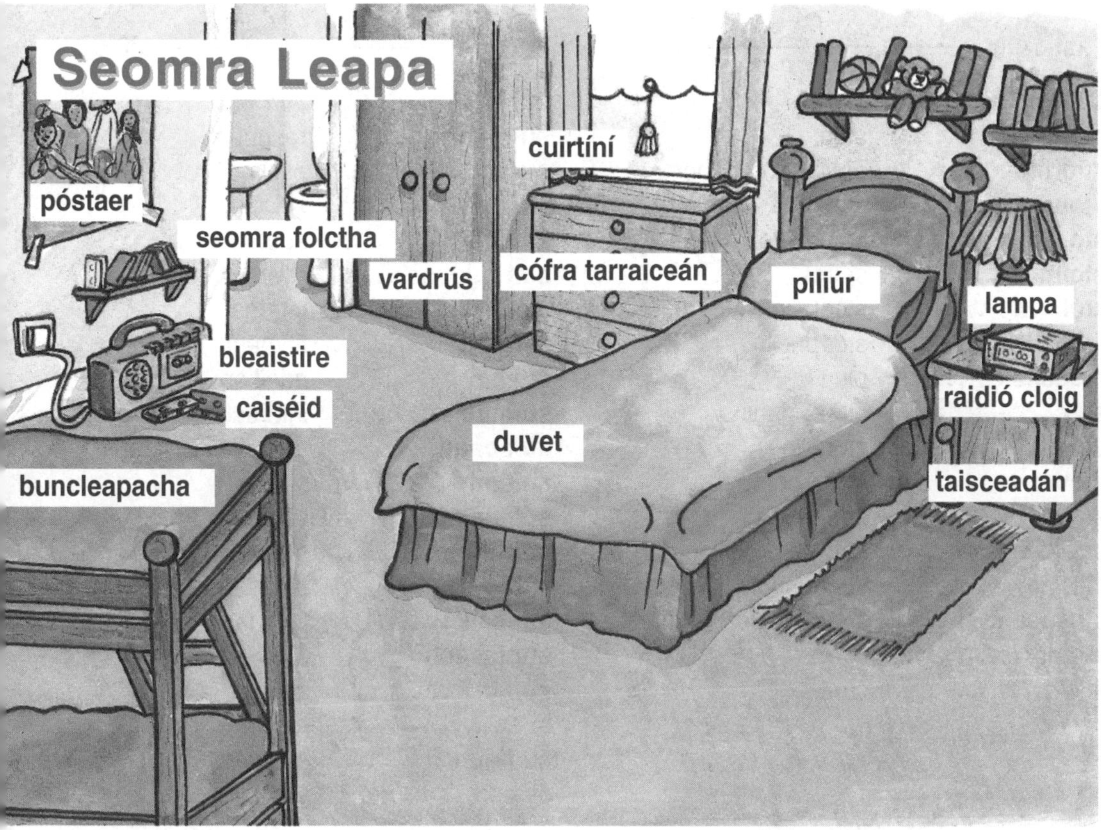

cuirtíní
póstaer
seomra folctha
vardrús
cófra tarraiceán
piliúr
lampa
bleaistire
caiséid
raidió cloig
duvet
buncleapacha
taisceadán

Seomra Suí

cathaoir uilleach
sciath thine
cianrialóir
tolg
FOTOS
FOTOS
cairpéad

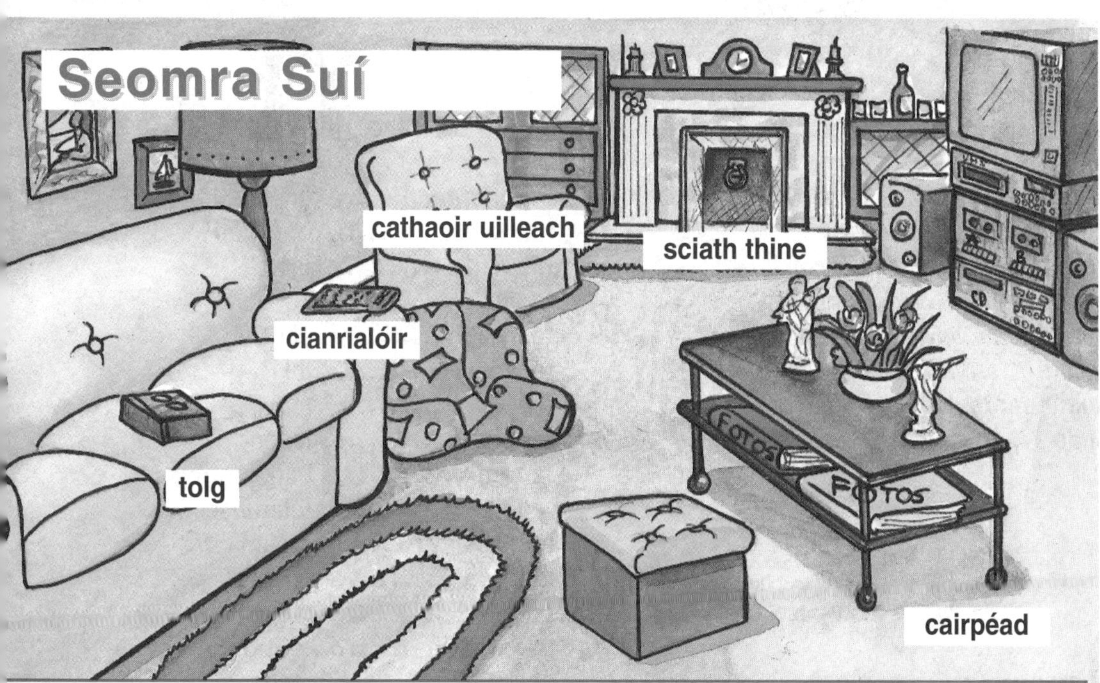

callairí	speakers	seinnteoir dlúthdhioscaí	CD player
físchaiséad	video cassette	teallach	fireplace
mála pónairí	beanbag		

stíoróip .... stirrup
stiúideo .... studio
stiúrthóir .... director; conductor
stobhadh .... stew
stocaí .... stockings
stoirm .... storm
stól .... stool
stopadh .... stoppage
stopallán .... plug
stór .... store; darling
stóráil .... storage
stóras .... storeroom
strácáil .... struggling
stráice .... strip
stráinín .... strainer
strainséir .... stranger
strapa .... strap
stró .... stress

stróiceadh .... tear
strus .... stress
stua .... arch
stua ceatha ...... rainbow
sú .... juice
suaimhneach .... peaceful
suaimhneas ...... tranquillity
suairc .... cheerful
suaite .... upset
suaitheantas ..... badge
suan .... sleep

suarach .... mean
suas .... up

subh .... jam
sú craobh .... raspberry
súgradh .... playing
suí .... sit
súiche .... soot
súil .... eye
suim .... interest
suimint .... cement
suimiú .... addition
suimiúil .... interesting
suíochán .... seat
suíomh .... site
suipéar .... supper
suirbhé .... survey
sult .... pleasure
suncáil .... to sink
suntasach .... noticeable
súp .... soup
súsa .... rug
sú talún .... strawberry
svaeid .... suede

Tt

tábhachtach ..... important
tabhartas .... donation
tábla .... table
taca .... support
tachtadh .... choking
tacsaí .... taxi
tae .... tea
taephota .... teapot
tafann .... bark (dog)
tagairt .... reference
taibhreamh ...... dream
taibhse .... ghost
táibléad .... tablet
taifeadadh .... recording
taighde .... research
táille .... fee

táilliúir	tailor
tairiscint	offer
tairne	nail
tairseach	threshold
tais	damp
taisce	hoard
taisceadán	a safe
taisme	mishap
taispeántas	exhibition
taisteal	travel
taistil (v)	travel
taithí	experience
talamh	land
tallann	talent

tamall	while
tambóirín	tambourine
tanaí	thin
tanc	tank (military)
tancaer	tanker
taobh	side
taoide	tide
taoiseach	chief/prime minister
taos	dough/paste
tarbh	bull

tarcaisne	insult
tar éis	after
tarlú	incident
tarra	tar
tarracóir	tractor
tarraiceán	drawer
tarraingt	pull; draw

tarraingteach	attractive
tarraingt téide	tug-of-war
tarrtháil	rescue
tart	thirst
tasc	task
tástáil (v)	test
te	hot
teach	house
teach gloine	glasshouse
teach solais	lighthouse
teach spéire	sky-scraper
teachtaire	messenger
teachtaireacht	message
téad	rope
teagasc	teach
teaghlach	household
teallach	hearth
téama	theme
téamh	heating
teanga	language; tongue
téarma	term
teastas	certificate
teideal	title
teileafón	telephone

teileascóp	telescope
teilifís	television
teip	fail
téip	tape
téipthaifeadán	tape-recorder
teirmiméadar	thermometer
teist	test
téitheoir	heater
teocht	heat
teolaí	warm
teorainn	border
thar barr	excellent
thar lear	abroad

Siopa Éadaí
seomra gléasta
buataisí
cóta
loirgneáin
(leggings)
riochtán
(dummy)
stocaí
t-léine
bríste gearrógach
léine spóirt
sciorta
gúna
caipín
ritheoirí
crios
bríste géine
fáinní cluaise
geansaí
seaicéad

Bia Sciobtha

thart .... over
tiarna .... lord
ticéad .... ticket
timbléar .... tumbler
timpeall .... round
timpiste .... accident

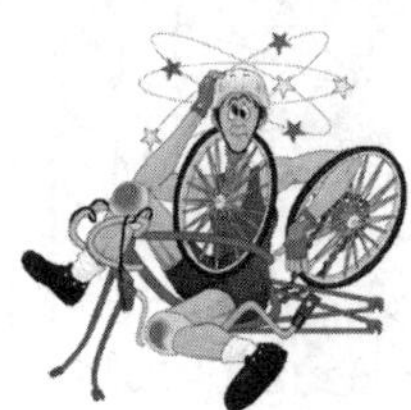

tine .... fire
tine chnámh .... bonfire
tinn .... sore/sick
tinneas .... illness
tinteán .... fireplace
tintreach .... lightning
tíogar .... tiger
tiomáin (v) .... drive
tiománaí .... driver
tionóisc .... accident
tionól .... assembly
tionónta .... tenant
tionscal .... industry
tíoránach .... bully; tyrant
tír .... country
tíreolaíocht .... geography
tirim .... dry
Tír na nÓg .... Land of Youth
tiúb .... tube
tiubh .... thick
tiúilip .... tulip
tiúin .... tune

tlú .... tongs
tobac .... tobacco

tobán .... tub
tobann .... sudden
tobar .... well
tochas .... itch
tochras .... winding
tocht .... mattress
todóg .... cigar
tóg (v) .... build; take
tógálaí .... builder
toil .... desire
toiliú .... consent
toirneach .... thunder
tóirse .... torch
toirtís .... tortoise
toise .... measurement
toit .... smoke
toitín .... cigarette
tolg .... sofa
tolglann .... lounge
tollán .... tunnel
tom .... bush
tomhas .... measure; guess
tonn .... wave
tonna .... ton
tor .... shrub
toradh .... result; fruit
tóraíocht .... search

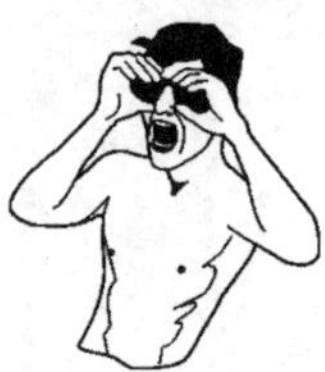

torann .... noise
torbán .... tadpole
tornapa .... turnip
tórramh .... a wake
torthaí .... fruit; results
tosach .... front
tosaigh (v) .... start
tost .... silence
tósta .... toast
trá .... beach

trácht	traffic
traein	train
traenáil	training
tráidire	tray
trálaer	trawler
trasna	across
tráta	tomato
tráthnóna	afternoon; evening
tráthúil	timely
treabhadh	ploughing
treabhsar	trousers
tréad	herd
trealamh	equipment
tréaslú	congratulation
treibh	tribe
tréidlia	vet
tréimhse	period
tréith	trait
treo	direction
treoir	guidance/direction
triail	trial
triantán	triangle
trioblóid	trouble
triomaigh (v)	dry
triúr	three persons
trócaire	mercy
trodaí	fighter

troid	fight
troimpéad	trumpet
trom	heavy
trosc	cod
troscadh	fasting
troscán	furniture
trua	pity
trucail	trolley
truflais	traoh
trumpa	Jew's-harp

trunc	trunk
tuáille	towel
tuairim	opinion
tuairisc	report
tuaisceart	north
tuama	tomb
tuarascáil	account
tuarastal	salary
tuath	countryside
tubaiste	disaster
tubaisteach	disastrous
tuí	straw
tuile	flood
tuilleadh	more
tuin	accent
tuirse	tiredness
tuirseach	tired
tuirsigh (v)	tire
tuirsiúil	tiring
tuisceanach	understanding
tuiscint	wisdom
tuismitheoir	parent
tumadh	dive
tumadóir	diver
túr	tower
turas	journey
turcaí	turkey
turtar	turtle
tús	beginning

Uu

uabhar	pride
uacht	a will
uachtar	cream
uachtarán	president
uachtarlann	creamery
uachtar reolto	ice-cream
uafás	horror
uafásach	horrible

Teilifís

aimsir	weather	**gallúntraí**	soap opera
cartún	cartoon	**nuacht**	news
clár faisnéise	documentary	**scannán**	movie
clár grinn	comedy	**seó cluiche**	game show
cúrsaí reatha	current affairs	**seó comhrá**	chat show
dráma	drama	**sraithscéal**	serial
fógra	advertisement	**spórt**	sport
físeán ceoil	music video	**teilifíseán**	television

Teicneolaíocht

uaigh .... grave
uaigneach .... lonely
uaimh .... cave
uaine .... green
uair .... hour
uaireadóir .... a watch
uaireanta .... sometimes
ualach .... load
uan .... lamb
uasal .... nobleman/noble

ubh .... egg
ubhach .... oval
ucht .... chest
údar .... author
údarás .... authority
uibheacha .... eggs
uibheagán .... omelette
uile .... all
uillinn .... elbow
uimhir .... number
uimhríocht .... arithmetic
uisce .... water
uisce beatha ..... whiskey
uiscedhíonach ... waterproof
uisciúil .... watery
ulchabhán .... owl

úll .... apple
ullamh .... ready
ullmhaigh (v) ..... prepare
úllord .... orchard
umhal .... humble

uncail .... uncle
unsa .... ounce
úr .... fresh/new
urlár .... floor
urnaí .... prayers
urraim .... respect
úrscéal .... novel
urú .... eclipse
ús .... interest
úsáid (v & n) ..... use
úsáideach .... useful

Vv

vác .... quack
vaigín .... wagon
vallait .... wallet
vardrús .... wardrobe
vástúil .... wasteful
veain .... van

véarsa .... verse
veidhlín .... violin
veilbhit .... velvet
veist .... vest
vitimíní .... vitamins
vóta (n) .... vote
vótáil (v) .... vote

Xx

x-gha .... x-ray
xileafón .... xylophone

Yy

yó-yó .... yo-yo

Zz

zú .... zoo

Contaetha
An Cabhán
Cavan
An Clár
Clare
An Dún
Down
An Iarmhí
Westmeath
Ard Mhacha
Armagh
Baile Átha Cliath
Dublin
Ceatharlach
Carlow
Ciarraí
Kerry
Doire
Derry
Dún Na nGall
Donegal
Fear Manach
Fermanagh
Gaillimh
Galway
Maigh Eo
Mayo
Muineachán
Monaghan
Port Láirge
Waterford
Ros Comáin
Roscommon

An Longfort
Longford
An Lú
Louth
An Mhí
Meath
Aontroim
Antrim
Cill Chainnigh
Kilkenny
Cill Dara
Kildare
Cill Mhantáin
Wicklow
Corcaigh
Cork
Laois
Laois
Liatroim
Leitrim
Loch Garman
Wexford
Luimneach
Limerick
Sligeach
Sligo
Tiobraid Árann
Tipperary
Tír Eoghain
Tyrone
Uíbh Fhailí
Offaly

Foclóir
Béarla – Gaeilge

Siamsaíocht

idirlíon
(internet)

ag seinm

pictiúrlann

marcaíocht

rothaíocht

amharclann

teilifís

scríbhneoireacht

ceoil

léitheoireacht

taisteal

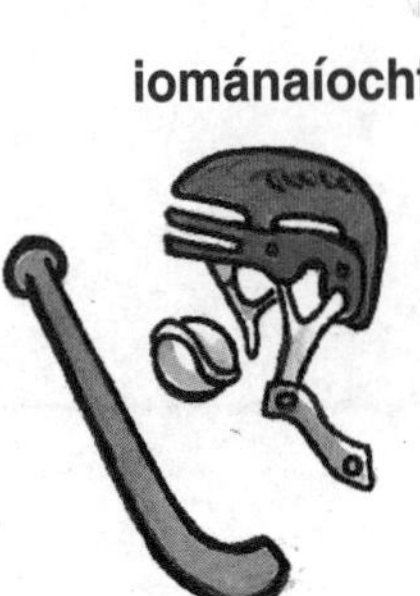
iománaíocht

cluichí cláir

siopadóireacht
LEGO
CHOCOS
TOYS 4 US
DISCS
bailiú
(collecting)
STAMPS
SCRAP BOOK
cluichí ríomhaire
rugbaí
drámaíocht
cispheil
lannscátáil
snámh
haca
bogshodar
(jogging)
peil
coirmeacha ceoil
ag bualadh le cairde
cluiche corr

Aa

abbot	ab
ability	ábaltacht
able	in ann/ábalta
above	lastuas
abroad	thar lear
absent	as láthair
abstention	staonadh
abundance	raidhse
abundant	flúirseach
accent	tuin/canúint
acceptance	glacadh
accident	timpiste/tionóisc
accommodation	lóistín
account	tuarascáil
accusation	cúiseamh
acid	aigéad
acorn	dearcán
acquaintance	aithne
acre	acra
acrobat	gleacaí
across	trasna
active	gníomhach
actor	aisteoir
addition	suimiú
address	seoladh
adhesive	greamaitheach
adjudicator	moltóir
administration	riar
admiral	aimiréal
admission	admháil
adornment	maise
advantage	buntáiste
adventure	eachtra
advice	comhairle
aerial	aeróg
aeroplane	eitleán
affair	cúrsa
affection	gean

after	tar éis
afternoon	iarnóin/tráthnóna
again	arís
against	i gcoinne

age	aois
agile	aclaí
agree	aontú
agreement	réiteach
air	aer
air force	aerfhórsa
airport	aerfort
air-tight	aerdhíonach
album	albam
ale	leann
alert	airdeallach
algebra	ailgéabar
alike	cosúlacht
alive	beo
all	iomlán/uile
alligator	ailigéadar
allowance	lamháil
all right	ceart go leor
alluring	meallacach
almond	almóinn
almost	beagnach
alone	aonar
alphabet	aibítir
already	cheana
also	leis/fosta/freisin
altar	altóir
always	de shíor/i gcónaí
ambulance	otharcharr

Aerfort

radar
haingea
rúidbhealach
túr stiúrtha
freastalaí ineitilte
eitleán
iompróir bagáiste
monatóir
bagáiste
inimirce
custam
saor ó dhleacht
(duty free)
eitiltí isteach
limistéar slandála
(security)
eitiltí amach
síniú isteach
píolóta
ticéad

Bláthanna

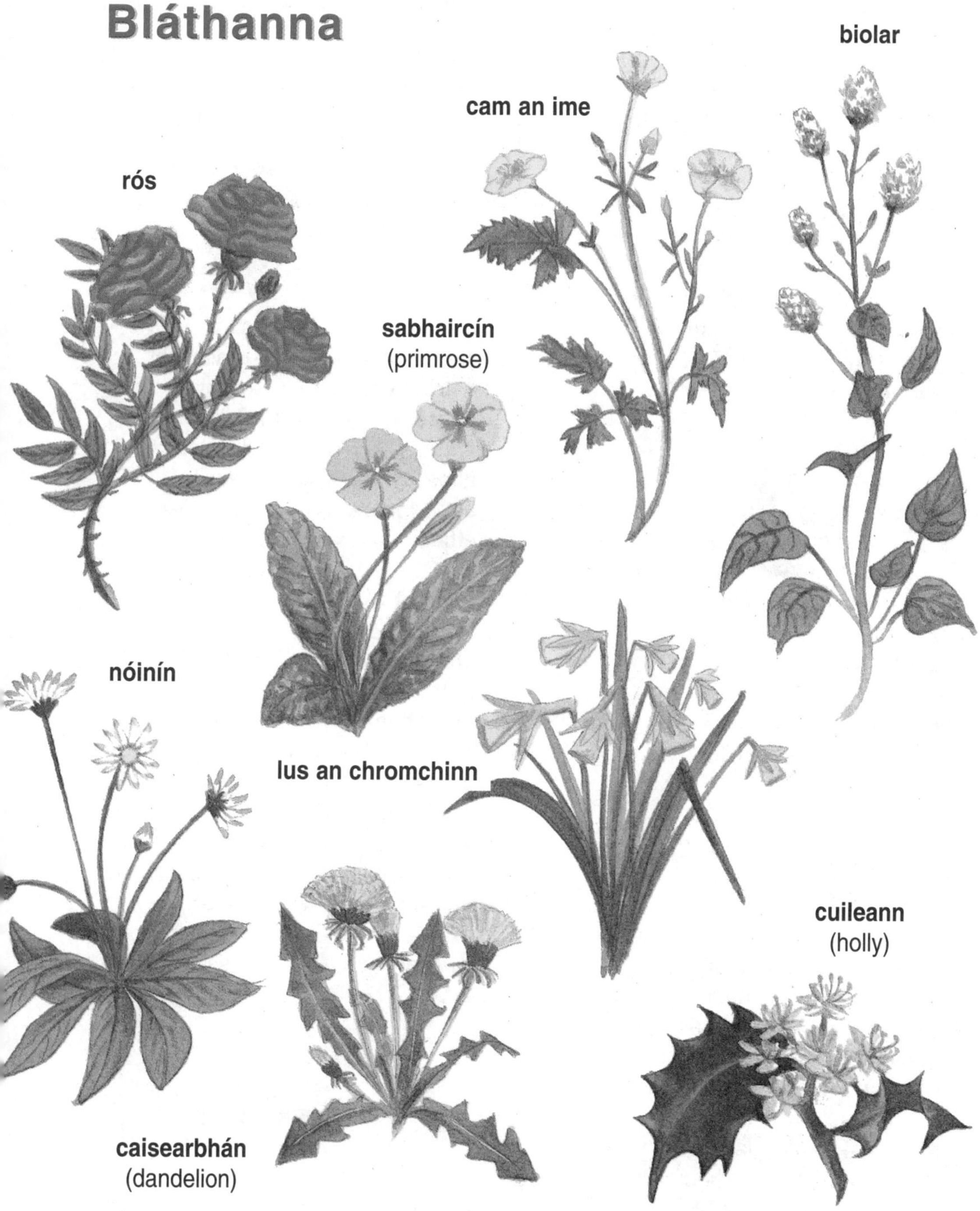

iolar	watercress	**duilleog**	leaf	**goirmín**	pansy
leib	bulb	**eidhneán**	ivy	**plúirín sneachta**	snowdrop
ú	hyacinth	**fiaile**	weed	**síol**	seed
róch	crocus	**gas**	stem	**tiúilip**	tulip

amendment ...... leasú
among .... i measc
amount .... méid/oiread
anchor .... ancaire
angel .... aingeal
anger .... fearg
anguish .... léan
animal .... ainmhí
ankle .... murnán/rúitín
answer .... freagra
ant .... seangán
Antarctic .... Antartach

anvil .... inneoin
anxiety .... imní
anxious .... imníoch
apartment .... árasán
ape .... ápa
appetite .... goile
apple .... úll
appointment ..... coinne
apricot .... aibreog
apron .... naprún
arch .... stua
archery .... saighdeoireacht
architect .... ailtire
Arctic .... Artach
area .... limistéar
argument .... argóint
arithmetic .... uimhríocht
ark .... áirc
arm .... lámh
armchair .... cathaoir uilleann
armpit .... ascaill
arrangement ..... eagar/socrú/cóiriú
arrogance .... mustar
arrow .... saighead
ash (tree) .... fuinseog

assembly .... tionól
assistant .... cúntóir
astonishment .... alltacht

astrologer .... astralaí
astrology .... astralaíocht
astronaut .... spásaire
at first .... ar dtús
athlete .... lúthchleasaí
atlas .... atlas
atmosphere ...... atmaisféar
attack .... ruathar/ionsaí; ionsaigh (v)
attempt .... iarracht
attendance .... freastal
attention .... aird
attic .... áiléar
attractive .... tarraingteach
auction .... ceant
audience .... lucht éisteachta
aunt .... aintín
author .... údar
authority .... ceannas/údarás
autumn .... fómhar
awake .... dúiseacht
awakening .... múscailt
axle .... aiseal

Bb

babbling .... cabaireacht
baboon .... babún
baby .... leanbh/bábaí
bachelor .... baitsiléir
back[1] (behind) .... siar

back[2] (again)	ar ais
back[3]	droim
backbiting	cúlchaint
back-kitchen	cúlchistin
bacon	bagún
bad	dona

badge	suaitheantas
badger	broc
badger's set	brocach
badminton	badmantan
badness	olcas
bag	mála
baggage	bagáiste
bake	bácáil
baker	báicéir
bakery	bácús
balcony	balcóin
bald	maol
ball	liathróid
ballet	bailé

balloon	balún
band	banna/buíon
bandage	bindealán
banjo	bainseo
bank	banc
banker	baincéir
banana	banana
baptism	baiste
bar[1] (pub)	beár
bar[2] (chocolate)	barra
barber	bearbóir

bare	lom
barefooted	cosnochta
bargain	margadh
bark[1]	tafann
bark[2] (tree)	coirt
barley	eorna
barn	scioból
barrel	bairille
base	foras/bonn
basement	íoslach
bashing	bascadh
basin	báisín
basket	ciseán
basketball	cispheil
bath[1]	folcadán
bath[2] (wash)	folcadh

baton	baitín
batter	batráil
battle	cath
battle ship	long chogaidh
bay	bá
beach	trá
beak	gob
bean	pónaire
beard	féasóg
beast	beithíoch
beat (v)	gread/buail
beating	greadadh/bualadh
beautiful	álainn
beauty	scéimh/áilleacht
bed	leaba
bed-rock	grinneall
beds	leapacha
bee	beach
beech	feá
beef	mairteoil
beehive	coirceog

beer .... beoir
beetle .... ciaróg
before .... réamh-/roimh/ roimh ré
beggar .... bacach
begin (v) .... tosaigh
beginning .... tús
behind .... laistiar
belief .... creideamh
believe (v) .... creid
bell .... clog/cloigín
beloved .... ionúin

below .... laistíos
belt .... crios
bench .... binse
benefit .... sochar
berry .... sméar/caor
beside .... in aice
best .... sár-
best endeavour .... dícheall
bet .... geall
bewilderment .... mearbhall
bib .... bibe
Bible .... Bíobla
bicycle .... rothar
bill .... bille
billiards .... billéardaí
bingo .... biongó
birch .... beith
bird .... éan

birds .... éanlaith
birth .... saolú/breith

birthday .... lá breithe
biscuit .... briosca
bishop .... easpag
bit .... giota/mír
bite .... greim

bitter .... searbh
black .... dubh
blackbird .... lon dubh
black currants .... cuiríní dubha
blacksmith .... gabha dubh
blade .... lann
blame[1] .... milleán
blame[2] (v) .... lochtaigh
blanket .... blaincéad
bleak .... sceirdiúil
bleating .... méileach
blessing .... beannú/beannacht
blind[1] .... dall
blind[2] (window) .... dallóg
blindfold .... dallóg
block .... bloc
blood .... fuil
bloody .... fuilteach
blouse .... blús
blow[1] (v) .... séid
blow[2] .... flíp
blue .... gorm
blush .... luisne
board .... clár
boast .... maíomh
boat .... bád
boatman .... bádóir
body .... colainn/corp
bog .... portach
boiling .... bruith/fiuchadh
bold .... dána
bolt .... bolta
book .... leabhar

bookcase	leabhragán
boots	buataisí
bomb	buama
bone	cnámh
bonfire	tine chnámh
bonnet	boinéad
border	ciumhais/teorainn/imeall
boreen	bóithrín
botany	luibheolaíocht
bottle	buidéal
bottom[1]	tóin
bottom[2] (of)	íochtar/bun
bounce	preab
bow-knot	cuachóg
bowl	babhla
box	bosca
boxer	dornálaí

boy	buachaill/gasúr/garsún
bracelet	bráisléad
bracken	raithneach
brain	inchinn
brake	coscán
branch	brainse/craobh/géag
brand	branda
bramble	dris/sceach
brass	prás
brave	cróga/calma
bread	arán
break	briseadh
breakfast	bricfeasta
breath	anáil
breathe (v)	análaigh
breeze	leoithne
brewery	grúdlann
brick	bríce

bride	brídeach
bridge	droichead
brigade	briogáid
bright	geal/glé
brightness	loinnir
bristle	ribe/guaire
broad	leathan
broadcast (v)	craol

bronze	cré-umha
brooch	bróiste
brother	deartháir
brow	mala
brown	donn
brush	scuab
bubble	bolgán
buck	poc
bucket	buicéad
buckle	búcla
bud	bachlóg
build (v)	tóg
builder	tógálaí
building	foirgneamh
bulb	bleib/bolgán
bull	tarbh
bullet	piléar
bully	bulaí/tíoránach
bumblebee	bumbóg
burglar	buirgléir
burial	adhlacadh
burn (v)	dóigh

burning	loscadh
bus	bus

bush ······ tom
business[1] ······ gnó
business[2] (firm) ·· comhlacht
bust ······ busta
busy ······ gnóthach
but ······ ach
butcher ······ búistéir
butter ······ im
buttercup ······ cam an ime
butterfly ······ féileacán
button ······ cnaipe
buy ······ ceannach
buyer ······ ceannaitheoir
by the seaside ··· cois trá

Cc

cabbage ······ cabáiste
cabin ······ cábán/bothán
cabinet ······ caibinéad
café ······ caife
cafeteria ······ caifitéire
cage ······ cás
cake ······ cáca/císte
calendar ······ féilire
calf ······ gamhain/lao
call ······ glaoch
calm ······ ciúin; suaimhnigh (v)
can ······ canna
canal ······ canáil
canary ······ canáraí
candle ······ coinneal
candle-stick ······ coinnleoir
cane ······ cána
canoe ······ canú
canteen ······ ceaintín
canvas ······ canbhás
camel ······ camall
camera ······ ceamara
camogie ······ camógaíocht
camp[1] ······ campa

camp[2] (v) ······ campáil
cap ······ caipín
capacity ······ acmhainn
capital letter ······ ceannlitir
captain ······ captaen
captive ······ cime

car ······ gluaisteán/carr
caravan ······ carbhán
card ······ cárta
cardboard ······ cairtchlár
cardigan ······ cairdeagan
cardinal ······ cairdinéal
career ······ slí bheatha
careful ······ cúramach
caretaker ······ airíoch
cargo ······ lasta
carol ······ carúl
carpenter ······ siúinéir
carpet ······ cairpéad
carriage ······ carráiste
carrot ······ cairéad; meacan dearg
carry ······ iompar

cart ······ cairt
cartoon ······ cartún
carve (v) ······ snoígh
carving ······ snoí
cascade ······ scairdeán
case ······ cás
cashier ······ airgeadóir
castle ······ caisleán
cat ······ cat

catalogue	catalóg
catapult	crann tabhaill
catch (v)	gabh
caterpillar	bolb
cauldron	coire
cause	cúis/fáth
caution	faichill
cave	uaimh/pluais
ceiling	síleáil
celebration	comóradh/ ceiliúradh

celery	soilire
cell	cillín
cellar	siléar
cement	suimint
centigrade	ceinteagrád
centimetre	ceintiméadar
ceremony	searmanas
certain	cinnte; dearfa
certainly	go deimhin
certificate	teastas
cigar	todóg
cigarette	toitín
cinema	pictiúrlann
circle	ciorcal
circulation	cúrsaíocht
circus	sorcas

citizen	saoránach
city	cathair
civil	sibhialta
check (v)	seiceáil

cheek	grua/pluc
cheerful	suairc
cheese	cáis
chemist	poitigéir
chemistry	ceimic
chemicals	ceimiceáin
cherry	silín
chess	ficheall
chest	brollach/ucht
chest (press)	cófra
chestnut	cnó capaill
cheque	seic
chew (v)	cogain
chocolate	seacláid
choice	rogha
choir	cór

choke (v)	tacht
choking	tachtadh
chord	corda
chorus	curfá
chain	slabhra
chair	cathaoir
chalk	cailc
challenge	dúshlán
chance	seans
change (v)	athraigh
channel	cainéal
chapter	caibidil
character	carachtar
chariot	carbad
charitable	carthanach
charity	déirc/carthanacht
chatter	geab
chatty	cainteach
chauffeur	gíománach
chicken	sicín
chicken-pox	deilgneach

chief	taoiseach
chilblain	fuachtán
child	páiste/leanbh
childlike	páistiúil
children	leanaí
chimney	simléar
chimpanzee	simpeansaí
chin	smig
chips	sceallóga

chirp	gíog
Christ	Críost
Christian	Críostaí
Christmas	Nollaig
chrome	cróm
church	séipéal/eaglais/cill
churn	cuinneog
chrysanthemum	criosantamam
clapping (hands)	bualadh bos
class	rang
claw	crúb
clay	cré/créafóg
clean (v & a)	glan
cleaner	glantóir
clear	léir
clerk	cléireach
cliff	faill/aill
climate	aeráid
clip	fáiscín
cloak	brat/clóca
clock	clog
close	dún; druid
closed	dúnta
cloth	éadach
clothes	éadaí
cloud	néal/scamall
clover	seamair
club	club

coach	cóiste
coal	gual
coast	cósta
coat	cóta
cobbler	gréasaí
cock[1]	coileach

cock[2] (of hay)	coca
cocoa	cócó
coconut	cnó cócó
cod	trosc
code	cód
coin	bonn
coffee	caife
coffin	cónra
cold	fuar/fuacht; slaghdán
collar	bóna/coiléar
collection	bailiúchán/ cnuasach
college	coláiste
colour	dath
coloured	daite
colourful	dathannach
colt	bromach
column	colún
comb (v & n)	cíor
comfort	só
comfortable	compordach

comic	greannán
command	ordú
committee	coiste

common ········· coitianta
commotion ······ clampar
communion (host) abhlann/ Comaoineach
community ······· pobal
compact ·········· dlúth
companion ······· compánach
companionship ·· cuideachta
company ········· comhluadar
comparison ······ comparáid
compass ········· compás
compensation ··· cúiteamh
competition ······ comórtas/iomaíocht
complaint ········ gearán
complete ········· foirfe
completely ······· go hiomlán
compose (v) ····· ceap
computer ········ ríomhaire

comrade ········· comrádaí
concealment ····· ceilt
concert ··········· coirm cheoil
concrete ·········· coincréit
condition ········· coinníoll
conduct ··········· iompar
conductor ········ stiúrthóir
cone ·············· cón
confession ······· faoistin
conscience ······ coinsias
consecration ···· coisreacan
consent ·········· toiliú
conservation ···· caomhnú
conspiracy ······· comhcheilg
constable ········ constábla
container ········· coimeádán
contest ··········· coimhlint
continuous ······ leanúnach
contract ·········· conradh
contraction ······ crapadh

control ··········· smacht; smachtaigh (v)
convent ·········· clochar
conversation ···· comhrá
convict ··········· daoránach

conviction ······· ciontú
cook[1] (v) ········· cócaráil
cook[2] ············· cócaire
cooker ············ cócaireán
cool ··············· fionnuar
coop ·············· cúb
co-operation ····· comhoibriú
copper ··········· copar
copy ·············· cóip; cóipeáil (v)
copybook ········ cóipleabhar
coral ·············· coiréal
corner ············ cúinne
coronation ······· corónú
correct ··········· ceart; ceartaigh (v)
cost ··············· costas
costly ············ costasach
cotton ············ cadás
cough ············ casacht
count ············· comhaireamh; comhair (v)
countenance ····· gnúis
counter ··········· cuntar
counting ········· áireamh

county ············ contae
couple ············ lánúin
coupon ··········· cúpón
courage ·········· misneach

course .... cúrsa
cousin .... col ceathrair
court .... cúirt
courtesy .... cúirtéis
country .... tír
countryside ...... tuath
cover .... clúdach; clúdaigh (v)

cow .... bó
coward .... meatachán
cowboy .... buachaill bó
cows .... ba
cowslip .... bainne bó bleachtáin
crab .... portán
crack .... gág
cracking .... cnagarnach
cradle .... cliabhán
craftsman .... ceardaí
crank .... cancrán
crane .... crann tógála
crawling .... lámhacán
crayon .... crián
creaking .... díoscán
cream .... uachtar
creamery .... uachtarlann
create (v) .... cruthaigh
creation .... cruthú
creature .... créatúr/neach

credit .... creidiúint/cairde
crepe .... créip
crew .... criú
crib .... cruib/beithilín

cricket .... cruicéad
crime .... coir
criminal .... coirpeach
cripple .... mairtíneach
croak .... grág
crock .... próca
crocodile .... crogall
crocus .... cróch
crooked .... cam
cross[1] .... crois
cross[2] (person) ... crosta/cancrach

crossing .... crosaire
crow .... préachán
crowd .... slua; plódaigh (v)
crowded .... plódaithe
crozier .... bachall
crucifixion .... céasadh
cruel .... danartha/cruálach
crust .... crústa
crystal .... criostal
cube .... ciúb
cuckoo .... cuach
cucumber .... cúcamar
cuff .... cufa
cunning .... glic
cup .... cupa/cupán; corn
cupboard .... cupard
curach .... curach
curlew .... crotach
curly haired ...... catach
currants .... cuiríní
curse .... eascaine/mallacht
curtain .... cuirtín
curve .... cuar
cushion .... cúisín
custard .... custard
custom .... gnás/nós
customer .... custaiméir

cut (v) … gearr
cutlery … sceanra
cylinder … sorcóir

Dd

daffodil … lus an chromchinn
dagger … miodóg
dahlia … dáilia
daily … laethúil
dairy … déirí
daisy … nóinín
dam … damba
damage[1] … damáiste/díobháil
damage[2] (v) … loit
damp … tais
dance … rince/damhsa
dandelion … caisearbhán
danger … contúirt/dainséar/baol
dangerous … contúirteach
dark … dorcha
darling … muirnín
darn … dearnáil
dart … dairt
dartboard … dairtchlár
dash … sciuird
date … dáta
daughter … iníon
day … lá
dead … marbh
deadly … marfach

deaf … bodhar
deal (with people) … déileáil
death … bás
debate … díospóireacht
debt … fiacha
decay … dreo; lobh (v)
deceit … feall
deceitful … fealltach
decimal … deachúlach
decision … cinneadh
deck … deic
decline … meath
decrease (v) … laghdaigh
deed … gníomh
deep … domhain
deer … fia
defect … máchaill
defence … cosaint

defend (v) … cosain
degree … céim
delay … moill; moilligh (v)
delightful … aoibhinn
demand … éileamh; éiligh (v)
denial … diúltú
dentist … fiaclóir
deny (v) … séan
deposit … éarlais
deprivation … díth
depth … doimhneacht
description … cur síos
desert … fásach
design (v) … dear
desire … toil/mian/dúil
desirous … fonnmhar
desk … deasc
despair … éadóchas
dessert … milseog
destination … ceann cúrsa
destroy … scrios

destroyer .... scriostóir
destruction ...... loitiméireacht/ milleadh
develop .... forbair
development ..... forbairt
devil .... diabhal
devotion .... dúthracht
dew .... drúcht
diagram .... léaráid
dial .... diail
dialect .... canúint
diameter .... lárlíne
diamond .... diamant

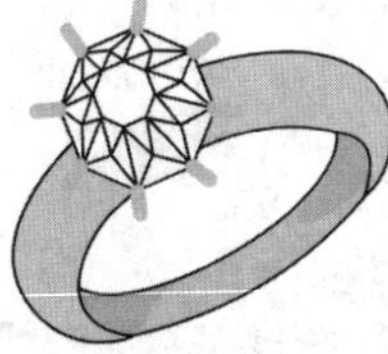

diary .... dialann
dice .... dísle
dictionary .... foclóir
difference .... difríocht
different .... éagsúil/difriúil
difficult .... deacair/doiligh
difficulty .... deacracht
digging .... rómhar
dignified .... maorga
dinner .... dinnéar
dinosaur .... dineasár
director .... stiúrthóir
direction .... treo
dirt .... salachar
dirty .... salach
disagree .... easaontaigh
disagreeable ..... gránna
disagreement .... easaontas
disappointment .. díomá
disaster .... tubaiste
disastrous .... tubaisteach
disc .... diosca
disciple .... deisceabal
discipline .... smacht
discuss (v) .... pléigh

discussion .... plé
disease .... aicíd
disguise .... bréagriocht
disgust .... déistin
dish .... mias
displeased .... diomúch
disposition .... meon
distinction .... gradam
distress .... gátar

district .... dúiche/ceantar
ditch .... díog
dive (v) .... tum
diver .... tumadóir
divide .... roinnt
dizziness .... meadhrán
do .... déan
dock .... duga/copóg (leaf)
doctor .... dochtúir
dog .... madra/gadhar
doing .... déanamh
doll .... bábóg
donation .... tabhartas
donkey .... asal
door .... doras
door-man .... doirseoir
dormouse .... luch chodlamáin
dough .... taos
double .... dúbailt
doubt .... amhras
doubtful .... amhrasach
dove .... colm
down .... síos

downpour .... stealladh
dowry .... spré
dozen .... dosaen
draft (v) .... dréachtaigh
drag (v) .... srac
dragon .... dragan
drain .... díog
drawbridge ...... droichead tógála
drawer .... tarraiceán/drár
drawing .... líníocht
dream .... taibhreamh/ brionglóid

dregs .... dríodar/deasca
dress .... gúna/feisteas
dressed .... gléasta
dressmaker ...... gúnadóir/maintín
drill .... druileáil
drink[1] .... deoch
drink[2] (v) .... ól
drip (v) .... sil
drive (v) .... tiomáin
driver .... tiománaí

drizzle .... ceobhrán
drone .... geoin
drop .... braon/deoir
drowning .... bá
drug .... druga
drum .... druma
dry .... tirim
duck .... lacha
duke .... diúc

dumb .... balbh
dump .... dumpáil
dungeon .... doinsiún
during .... le linn/i rith
dust .... dusta/deannach
duty .... dualgas/diúité
dwarf .... abhac
dwelling .... cónaí
dynamite .... dinimít

Ee

eagle .... iolar
ear .... cluas
earl .... iarla
early .... luath/moch
earth .... domhan
earthquake .... crith talún
easy .... éasca/furasta
east .... oirthear
Easter .... Cáisc
east side (on the) lastoir
eastward .... soir
eat .... ith
echo .... macalla
eclipse .... urú
education .... oideachas
eel .... eascann
egg .... ubh
eight[1] .... ocht
eight[2] (persons) .. ochtar
elastic .... leaistic
elbow .... uillinn
electricity .... leictreachas
elephant .... eilifint
embroidery ...... bróidnéireacht
emerald .... smaragaid
emigrant .... dooraí
employment ..... fostú
empress .... banimpire

emptiness .... folús
empty[1] .... folamh
empty[2] (v) .... folmhaigh
enamel .... cruan
encourage .... misnigh
encyclopaedia ... ciclipéid
end .... críoch/deireadh
enemy .... namhaid
energy .... fuinneamh

engaged .... geallta
engine .... inneall
engineer .... innealtóir
entertainment .... siamsa
entice (v) .... meall
enticing .... mealltach
enough .... dóthain/leor
envelope .... clúdach litreach
envy .... éad/formad
equal .... cothrom
equipment .... fearas

erosion .... creimeadh
escalator .... staighre beo
escape .... éalú; éalaigh (v)
especially .... go háirithe
essay .... aiste
estimation .... meas
ever .... riamh
everybody .... cách
evil .... olc; droch-
ewe .... fóisc
examination ..... scrúdú

example .... sampla
excellence .... feabhas
excellent .... thar barr
excess .... iomarca
exchange .... malairt; malartaigh (v)
excited .... corraithe
excuse .... leithscéal
exhibition .... taispeántas
expensive .... daor
experience .... taithí
expert .... saineolaí
explain .... mínigh
explanation ...... míniú
explosion .... pléasc
expulsion .... díbirt
extensive .... fairsing
eye .... súil
eyelash .... fabhra

Ff

fable .... finscéal
face .... aghaidh
fact .... fíric
factory .... monarcha
fail .... teip
failure .... loiceadh
faint .... fann
fair .... aonach; fionn
fairies .... sióga
faith .... creideamh
false .... falsa
family .... muintir/teaghlach
famine .... gorta
famous .... cáiliúil
fan .... fean
fang .... starrfhiacail
farewell .... slán
farm .... feirm
farmer .... feirmeoir

fashion .... faisean
fast .... gasta/sciobtha
fasting .... troscadh
fat .... ramhar/méith
fate .... cinniúint
father .... athair
fault .... locht; lochtaigh (v)
faulty .... lochtach
favour .... fabhar
fear .... faitíos/eagla
feast .... féasta/fleá/cóisir
feat .... éacht

feather .... cleite
fee .... táille
feeling .... mothú
fellow .... diúlach
female .... baineann
fence .... fál/sconsa
ferret .... fiéad
ferry .... bád fartha
fervour .... díograis
festival[1] .... féile/feis
festival[2] (music) · fleá (cheoil)
fever .... fiabhras
fiction .... finscéal
fiddle .... fidil
field .... páirc; gort
fig .... fige
fight (v & n) ...... troid

fighter .... trodaí
figure .... figiúr

file (nail file) ...... líomhán
fill (v) .... líon
film .... scannán
filter .... scagaire
fine .... breá
finger[1] .... méar
finger[2] (little) ..... lúidín
fire .... tine; dóiteán
fire engine .... inneall dóiteáin
fireman .... fear dóiteáin
fireplace .... tinteán
fir tree .... giúis
fish éisc (pl); iasc (one fish)
fisherman .... iascaire
fishing .... iascaireacht

fishing line .... dorú
fist .... dorn
five .... cúig
five persons ..... cúigear
flag .... bratach
flagstone .... leac
flakes .... calóga
flame .... lasair
flaming .... lasánta
flannel .... báinín/flainín
flat-fish .... leathóg
flattery .... plámás
flay (v) .... feann
flea .... dreancaid
fleece .... lomra
fleet .... cabhlach
flesh .... feoil
flood .... rabharta/tuile/díle
floor .... urlár
flour .... plúr
flower .... bláth
fluent .... líofa

flute ······ fliúit
fluttering ······ foluain
fly[1] ······ cuileog/cuil
fly[2] (v) ······ eitilt
foal ······ searrach
foam ······ sobal/cúr
fog ······ ceo
fold ······ filleadh; fill (v)
following ······ leanúint
food ······ bia
fool ······ amadán/gamal
foolish ······ amaideach/díchéillí
football ······ peil
footstep ······ coiscéim
for ······ i gcomhair
force ······ éigean/fórsa; forsáil (v)

ford ······ áth
forehead ······ clár éadain
foreign ······ iasachta
forest ······ foraois
forever ······ choíche/go brách
forge ······ ceárta
forgetfulness ······ dearmad
forgiveness ······ maitheamh
fork ······ píce/forc
form ······ cló; cuma; foirm
fort ······ daingean/dún
fortnight ······ coicís
fortune ······ fortún

fossil ······ iontaise

foul ······ bréan
four[1] ······ ceathair/ceithre
four[2] (persons) ······ ceathrar
fox ······ sionnach/madra rua
fragrance ······ cumhracht
frame ······ fráma
free (v & a) ······ saor
freedom ······ saoirse
fresh ······ úr
friar ······ bráthair
friend ······ cara
friendliness ······ muintearas
friendly ······ cairdiúil/lách
friends ······ cairde
friendship ······ cairdeas
fright ······ scanradh/geit
frighten ······ scanraigh
frill ······ rufa
fringe ······ frainse
frog ······ frog
from now on ······ feasta
frost ······ sioc/reo
froth ······ cúr
frown ······ grainc
frozen ······ reoite
fruit ······ toradh
frying pan ······ friochtán
fuel ······ breosla

full ······ lán
fun ······ spraoi/greann
function ······ feidhm
funeral ······ sochraid
funny ······ barrúil/greannmhar
fur ······ fionnadh
furious ······ fíochmhar
furnace ······ foirnéis
furnishings ······ feisteas

furniture .... troscán
fury .... fíoch
fuse .... fiús
fuss .... fústar

Gg

gale .... gála
gallery .... gailearaí
gallon .... galún
galloping .... cosa in airde
gambler .... cearrbhach
game .... cluiche
gander .... gandal
gap .... bearna/mant
garage .... garáiste
garden .... garraí/gairdín
gas .... gás
gate .... geata
gay .... meidhreach
gear .... giar
general .... ginearál
generosity .... féile
generous .... fial
gentle .... séimh/caoin
genuflection .... umhlú
geography .... tíreolaíocht
geometry .... geoiméadracht
gesture .... gotha
ghost .... taibhse
giant .... fathach
giddy .... giodamach
gift .... bronntanas/féirín
giggling .... sciotaíl
ginger .... sinséar
giraffe .... sioráf
girl .... cailín/girseach
gladness .... gliondar
glance .... spléachadh
glass .... gloine

glasshouse .... teach gloine
glider .... faoileoir

glistening .... glioscarnach
globe .... cruinne
gloomy .... duairc; gruama
glorious .... glórmhar
glory .... glóir
gloves .... lámhainní
glue .... gliú
glutton .... craosaire
gnat .... corrmhíol
goal .... cúl
goat .... gabhar
goatee .... meigeall
God .... Dia
going .... imeacht

gold .... ór
golden .... órga
golf .... galf
good .... maith
good-looking .... dathúil
goodness .... maitheas
goods .... earraí
goose .... gé
gooseberry .... spíonán
gorilla .... goraille
gorse .... aiteann
gosling .... góislín
gossip .... cadráil
government .... rialtas
grace .... grásta

gracious	grástúil
grade	grádú
grain	gráinne
gram	gram
grammar	gramadach
gramophone	gramafón
grandfather	seanathair/daideo
grandmother	seanmháthair/ mamó

granite	eibhear
grant	deontas
grapefruit	seadóg
grapes	caora fíniúna
graph	graf
grass	féar
grasshopper	dreoilín teaspaigh
grate	gráta
gratitude	buíochas

grave	uaigh
gravel	gairbhéal
graveyard	reilig; cill
grazing	innilt
great	mór
greed	saint/cíocras
greedy	santach
green	uaine/glas
grey	liath/glas
grief	dobrón
grind (v)	meil
grinding	meilt
grip	greim

group	scata/grúpa
grouse	cearc fhraoigh
grove	garrán/doire
grow	fás
growl	drantán
growth	fás
grudge	fala
grumble	clamhsán
grumbling	canrán
guard[1]	garda
guard[2] (v)	gardáil
guess	tomhas
guest	aoi
guilty	ciontach
guitar	giotár
gulf	murascaill
gum	guma
gun	gunna
gust	séideán/feothan
gut	putóg
gutter	gáitéar

Hh

habit	béas
hag	cailleach
hailstone	cloch shneachta
hair	gruaig/folt
hairdresser	gruagaire
half	leath
hall	halla
hallucinations	speabhraídí
hammer	casúr
hammock	crochtín
hand	lámh
handbag	mála láimhe
handball	liathróid láimhe
handicraft	lámhcheird
handkerchief	ciarsúr
handle	hanla, láimhsigh (v)

handsome .... dóighiúil

handy .... áisiúil
hang (v) .... croch
hanging .... crochadh
happy .... sona
harbour .... caladh/cuan
hard .... crua/dian
hardship .... cruatan
hare .... giorria
harm .... dochar
harmful .... díobhálach

harp .... cláirseach
haste .... deifir/dithneas
hat .... hata
hatch .... haiste
hate .... fuath
hateful .... gráiniúil
hatred .... mioscais/gráin
hawk .... seabhac
hazel tree .... coll
head .... ceann
headmaster ...... ardmháistir
headmistress .... ardmháistreás
heal .... cneasaigh
healing .... cneasú/leigheas
health .... sláinte
healthy .... sláintiúil/folláin
heap (v & n) ..... moll/carn
hearing .... cloisteáil
heart .... croí
hearth .... teallach

heat .... teocht/brothall
heater .... téitheoir
heather .... fraoch
heating .... téamh
heaven .... neamh
heavy .... trom
hedge .... fál
hedgehog .... gráinneog
heel .... sáil
heir .... oidhre
helicopter .... héileacaptar
hell .... ifreann
helmet .... clogad
help .... cúnamh/cabhair; cabhraigh (v)
hem .... fáithim
hen .... cearc
her .... ise
herb .... luibh
here .... anseo
heritage .... dúchas
hero .... laoch/gaiscíoch
heron .... corr éisc
herring .... scadán
hiccup .... fail
hide and seek ... folach bíog
hiding .... folach
high .... ard

hill .... cnoc
hillock .... cnocán
hinder .... bac
hinge .... inse
hint .... nod/leathfhocal/leid
hip .... corróg/cromán
hippopotamus ... dobhareach
history .... stair
hoard .... taisce

hoarseness ······ ciach
hobgoblin ········ púca
hoe ·············· grafóg
hole ·············· poll

holiday ··········· saoire
hollow ············ log
holly ·············· cuileann
holy ·············· naofa/beannaithe
homage ·········· ómós
home ············· baile/abhaile
homework ······· obair bhaile
honest ············ macánta/cneasta/ionraic
honey ············ mil
honour ··········· onóir
hood ·············· cochall/húda
hoof ·············· crúb
hook[1] ············· croch/crúca
hook[2] (fishing) ···· duán
hope ·············· dóchas
horizon ··········· bun na spéire

horn ·············· adharc
horrible ·········· uafásach
horror ············ uafás
horse ············· capall
hospital ·········· ospidéal
hot ················ te
hotel ·············· óstlann
hound ············ cú
hour ·············· uair
house ············ teach/áras

household ······· teaghlach
housewife ········ bean tí
how ··············· conas
howl ·············· glam
hug ··············· barróg
human ············ daonna
human being ···· daonnaí
humble ··········· umhal
humour ·········· giúmar
humorous ········ greannmhar
hump ············· dronn
hundred ·········· céad
hung ·············· crochta
hunger ··········· ocras
hungry ··········· ocrach
hunt ·············· seilg/fiach
huntsman ········ fiagaí
hurdle ············ cliath
hurley ball ······· sliotar
hurling ··········· iománaíocht
hurling stick ····· camán
hurricane ········ hairicín
hurry ············· práinn/deabhadh/deifir; brostaigh (v)
hurt ··············· dochar
husband ·········· fear céile
hut ················ both
hyena ············ hiéana
hymn ············· iomann

Ii

ice ················ oighear/leac oighir
ice-cream ········ uachtar reoite
icicle ············· coinneal reo
idea ·············· smaoineamh
ideal ·············· idéalach
idle ··············· díomhaoin
idol ··············· íol
igloo ············· íoglú

ignorant	aineolach
illness	tinneas
image	samhail/íomhá

imaginary	samhailteach
imagination	samhlaíocht
imagine	samhlaigh
immediately	láithreach
imitation	aithris
important	tábhachtach
inch	orlach
incident	tarlú
income	fáltas/ioncam
increase	méadú
industry	tionscal
infant	naíonán
infirmary	otharlann
influenza	fliú
information	faisnéis
injection	instealladh
injure (v)	gortaigh
injury	gortú

injustice	éagóir
ink	dúch
inquisitive	fiosrach
insect	feithid
inside	laistigh
insight	léargas
insipid	leamh
inspector	cigire
instrument	gléas

insult	tarcaisne/masla
insulting	maslach
intellect	intleacht
interest	suim/spéis
interesting	suimiúil/spéisiúil
interrogation	ceistiúchán
interview	agallamh
into	isteach
invalid	othar
invasion	ionradh
invention	cumadh
invitation	cuireadh
Ireland	Éire
iris	feileastram
Irish (language)	Gaeilge
iron	iarann
island	oileán/inis
isolated	iargúlta
itch	tochas
ivy	eidhneán

Jj

jackdaw	cág
jacket	seaicéad/casóg
jaguar	iaguar
jam	subh
jar	crúsca
jaw	giall
jeep	jíp
jeering	fonóid
jersey	geansaí
jewelry	seodra
Jew's-harp	trumpa
jib	jib
jig	port
jigsaw puzzle	míreanna mearaí
jingle	gliogar
job	post
jockey	jacaí

joint .... alt
journal .... iris
journey .... aistear/turas
joy .... áthas/lúcháir
judge .... breitheamh
judgement .... breithiúnas
judo .... júdó
jug[1] .... crúsca
jug[2] (small) .... crúiscín
juice .... sú
jumble .... manglam
jump (v & n) .... léim
jungle .... dufair
junior .... sóisear

jury .... giúiré
justice .... cóir

Kk

kangaroo .... cangarú
keen .... díocasach
keeping .... coinneáil
kettle .... citeal
key .... eochair
kick .... speach
kicking .... ciceáil
kid (goat) .... meannán
kidnapping .... fuadach
kilogramme .... cileagram
kilometre .... ciliméadar
kill .... maraigh
killing .... marú
kind .... cineálta
kindling .... brosna

king .... rí
kingdom .... ríocht
kiss (v & n) .... póg
kitchen .... cistin
kite .... eitleog
kitten .... piscín
knapsack .... cnapsac
knee .... glúin

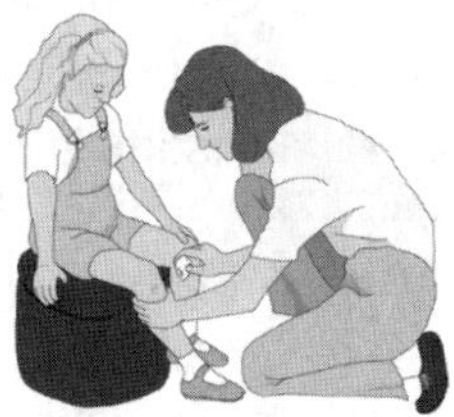

knife .... scian
knight .... ridire
knitting .... cniotáil
knitting needle .... biorán cniotála
knives .... sceana
knob .... murlán
knock .... cnag
knocking .... cnagadh
knock down (v) .... leag
knot .... snaidhm
knowledge .... fios/eolas
knowledgeable .... eolach

Ll

label .... lipéad
laboratory .... saotharlann
labour .... saothar; oibrigh (v)
lace .... lása
lad .... diúlach
ladder .... dréimire
ladybird .... bóín Dé
ladylike .... banúil
lair .... leaba dhearg
lake .... loch

lamb .... uan
lament (v) .... caoin; caoineadh (n)
lamenting .... mairgeach
lame person ..... bacach
lamp .... lampa

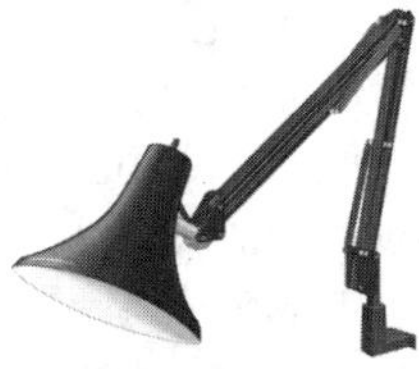

land .... talamh
landing .... léibheann
lane .... lána
language .... teanga
lantern .... lóchrann/laindéar
lark .... fuiseog
last .... deireanach
last night .... aréir
last year .... anuraidh
latch .... laiste
late .... déanach/mall

laugh .... gáire; gáir (v)
launch .... lainseáil (n & v)
laundry .... níochán
law .... reacht/dlí
lawn .... plásóg/faiche
layout .... leagan amach
lazy .... leisciúil
lead (n) .... luaidhe
leader .... ceannaire
leaf .... duilleog
leap year .... bliain bhisigh
learning .... foghlaim
leash .... iall
leather .... leathar
leave (v) .... fág

leaves .... duilleoga
lecture .... léacht
leek .... cainneann
left hand .... ciotóg
left-handed ...... ciotach
leg .... cos
lemon .... líomóid
lemonade .... líomanáid
length .... fad
lens .... lionsa
Lent .... Carghas
leopard .... liopard
lesson .... ceacht
letter .... litir
lettuce .... leitís
level .... leibheálta; cothromaigh (v)
lever .... luamhán

library .... leabharlann
licence .... ceadúnas
lie .... bréag
life .... saol/beatha
lifeboat .... bád tarrthála
lift[1] .... ardaitheoir (elevator)
lift[2] (v) .... ardaigh
light[1] (weight) .... éadrom
light[2] .... solas
lighthouse .... teach solais
lighting .... lasadh
lightning .... tintreach
lights .... soilse
like[1] .... fearacht/leithéid
like[2] .... Is maith liom (I like)
lily .... lile
limb .... géag
limit .... críoch
limpet .... bairneach

limping .... bacadaíl

line .... líne
linen .... línéadach
linoleum .... líonóil
lion .... leon
lips .... beola
liquid .... leacht
list .... liosta
listen .... éist
literature .... litríocht
litre .... lítear
litter[1] .... bruscar
litter[2] (of puppies) ál
little (a) .... beagán
live (v) .... mair
lively .... aerach

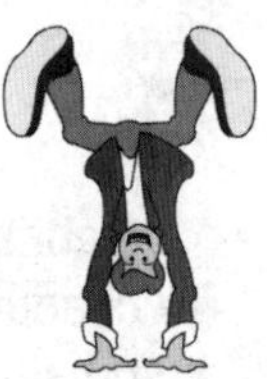

liver .... ae
livestock .... eallach
living .... maireachtáil
lizard .... earc/laghairt
llama .... láma
load .... ualach
loaf .... builín
loan .... iasacht
lobster .... gliomach
local .... áitiúil
lock .... glas; glasáil (v)
locust .... lócaiste
lodge .... lóiste; lóisteáil (v)
lodger .... lóistéir
lodging .... ósta

log .... lomán
lonely .... uaigneach
long .... fada
long ago .... fadó
look (v) .... féach
loop .... lúb/dol
loose .... scaoilte
loosening .... scaoileadh
lord .... tiarna
lorry .... leoraí
lose (v) .... caill
loss .... díobháil/díth
lost .... caillte
lot (a) .... cuid mhaith/a lán
lounge .... tolglann
lovable .... geanúil/grámhar
love (v) .... grá
lover .... leannán
loving .... ceanúil/grámhar
low .... íseal
loyal .... dílis
luck .... ádh
lucky .... ádhúil/ámharach
lump .... cnap/cnapán
lunatic .... gealt
lunch .... lón
lunge .... fogha

Mm

macaroni .... macarón
machine .... meaisín
machinery .... innealra
mackerel .... ronnach/maicréal
maggot .... cruimh
magic .... draíocht
magic wand .... slat draíochta
magnet .... maighnéad
magpie .... snag breac
maiden .... ainnir

majority	formhór
male	fireann
mammal	mamach
man	fear
management	láimhseáil
mane	moing
manger	mainséar
manly	fearúil
man-servant	giolla
mantelpiece	matal
manufacture	déantús
many	iomaí

map	léarscáil
marble	marmar
marbles	mirlíní
March	Márta
march	máirseáil
mare	láir
margarine	margairín
mark	marc
market	margadh
marmalade	marmaláid
marsh	riasc
mask	masc

Mass	Aifreann
master	máistir
mat	mata
match (light)	lasán
mathematics	matamaitic
matter	ábhar
mattress	tocht

maybe	b'fhéidir
mayor	méara
maze	cathair ghríobháin
meadow	móinéar
meal[1]	béile
meal[2] (animals)	min
mean	suarach
measles	bruitíneach
measure	tomhas/miosúr
measurement	toise
mechanical	meicniúil
mediation	eadráin
medicine	cógas/leigheas
meet (v)	buail (le)
meeting	cruinniú
melting	leá
memorize (v)	meabhraigh
memory	cuimhne
mention (v)	luaigh
menu	biachlár
mercy	trócaire
mermaid	murúch

merriment	scléip
mess	praiseach
message	teachtaireacht
messenger	teachtaire
metal	miotal
metre	méadar
miaowing	meamhlach
microphone	micreafón
microscope	micreascóp
midday	meán lae
middle	meánach/meán/lár
midge	míoltóg
midnight	meán oíche
mildew	coincleach
mile	míle

milk	bainne/lacht
milking	crú
milkman	fear an bhainne
mill	muileann
millimetre	milliméadar
million	milliún
mind	aigne/intinn/ meabhair
mindful	meabhrach
mine	mianach
miner	mianadóir
mineral	mianra
minister (church)	ministir
minister (govt)	aire
minor	mionúr
mint	miontas
minute	nóiméad
miracle	míorúilt
mirror	scáthán
mirth	greann
miser	sprionlóir
miserable	ainnis
misery	donas/ainnise
mishap	taisme

mist	ceobhrán
mistake	botún
mitten	miotóg
mix (v)	measc
mixture	meascán
moan	éagaoin
moat	móta
mocking	magadh
model	cuspa
modelling clay	marla
moderate	measartha
modern	nua-aimseartha
mole	caochán

monastery	mainistir
money	airgead
monk	manach
monkey	moncaí
month	mí
monument	leacht
mood	giúmar
moon	gealach/ré
mop[1] (of hair)	mothall
mop[2]	mapa

more	tuilleadh/a thuilleadh
morning	maidin
mortar	moirtéal
mosaic	mósáic
moss	caonach
moth	leamhan
mother	máthair
motor	mótar
motorcycle	gluaisrothar
motto	mana
mould	múnla
mountain	sliabh
mouse	luch
moustache	croiméal
mouth	béal; clab

mouthful	bolgam
move	bog/gluais/corraigh
movement	corraí/gluaiseacht
much	mórán
mud	pluda/clábar/láib/ lathach

mudguard	pludgharda
mug	muga
mule	miúil
multiplication	iolrú
multiply	iolraigh
munching	mungailt
murder	dúnmharú; dúnmharaigh (v)
muscle	matán
museum	músaem
mushroom	muisiriún
music	ceol
mustard	mustard
mutton	caoireoil
mystery	mistéir/diamhair
myth	miotas

Nn

nail[1]	tairne
nail[2] (finger)	ionga
naïve	saonta
naked	nocht
name	ainm
napkin	naipcín
narrow	caol
narration	insint
narrow	cúng
nation	náisiún
national	náisiúnta
native language	teanga dhúchais
nature	nádúr
natural	nádúrtha
nausea	déistin
near	cóngarach/ aice (in aice)
neat	críochnúil/néata/ deismir
necessity	riachtanas
neck	muineál

necklace	muince
nectar	neachtar
need	gá
needle	snáthaid
neglect	neamart/faillí
negligent	faillitheach
neigh	seitreach
neighbour	comharsa
nephew	nia
nerve	néaróg
nervous	neirbhíseach
nest	nead

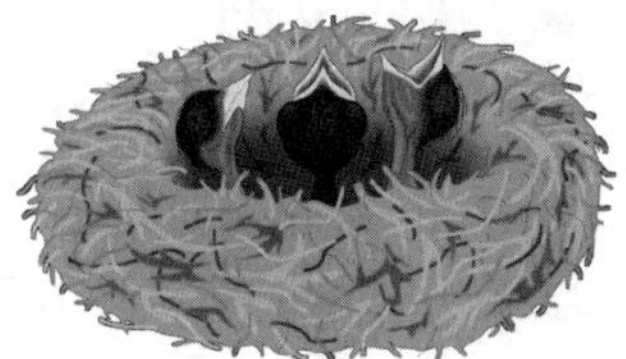

net	líon/eangach
nettle	neantóg
newness	nua
news	nuacht
newspaper	nuachtán
nice	deas
nickel	nicil
nickname	leasainm
niece	neacht
night	oíche
nightingale	filiméala
nine[1]	naoi
nine[2] (persons)	naonúr
noble	uasal
nobleman	uasal
noise	torann/callán/gleo/ fothram

nonsense	raiméis/amaidí/ seafóid

noon	nóin
noose	sealán
north[1]	tuaisceart
north[2] (from the)	aduaidh
north side (on the)	lastuaidh
northwards	ó thuaidh
nose	srón
note	nóta
nothing	pioc/faic/dada
notice	fógra
noticeable	suntasach
nought	náid
novel	úrscéal
now	anois
nozzle	soc
nudge	sonc
nuisance	núis
nun	bean rialta
number	uimhir
numerous	líonmhar/iomadúil
nurse	banaltra
nursery	naíolann/naíonra
nurture	oiliúint
nut	cnó
nylon	níolón

Oo

oak	dair
oar	rámh/maide rámha
oasis	ósais
oath	mionn
oats	coirce
obligation	oibleagáid
obstacle	constaic
obvious	soiléir
occasion	ócáid
occupation	gairm
ocean	aigéan
o'clock	a chlog

octopus	ochtapas
offence	cion
offer	tairiscint; tairg (v)
offering	ofráil
office	oifig
officer	oifigeach
often	minic
oil	ola
old	sean/aosta/críonna
old-fashioned	seanaimseartha

omelette	uibheagán
one[1]	aon
one[2]	amháin
onion	oinniún
on purpose	d'aon ghnó
on top	ar barr
opening	oscailt
operation	obráid
opinion	meas/tuairim/barúil

orange[1] (colour)	flannbhuí
orange[2] (fruit)	oráiste
orang-utan	órang útan
orchard	úllord
order	ord/eagar
ordinary	comónta/gnách
organ	orgán
organize	eagrú
organization	eagraíocht
ornament	ornáid
orphan	dílleachta
ostrich	ostrais

otter	madra uisce/ dobharchú
ounce	unsa
out	amach
outburst	racht
outhouse	cró
outline	imlíne/fíor
outlook	dearcadh
outside	amuigh/lasmuigh
oval	ubhach
oven	oigheann
over	thart
overall	rabhlaer
overcoat	cóta mór
overcoming	sárú
overleaf	lastall
owl	ceann cait/ ulchabhán
oyster	oisre

Pp

pack	paca; pacáil (v)
package	pacáiste
packet	paicéad
packing	pacáil
paddle	céasla
paddling	lapadáil
pagan	págánach
page	leathanach
pain	pian

paint	péint
painting (v)	péinteáil
pair	péire
painter	péintéir

palace	pálás
pale	meata
palm[1]	pailm
palm[2]	bos (of hand)
pan	panna
pancake	pancóg
panda	panda
panther	pantar
pantomime	geamaireacht
paper	páipéar
parachute	paraisiút
parade	paráid
paragraph	alt
parallel	comhthreomhar
parcel	beart
pardon	pardún
parent	tuismitheoir

parish	paróiste
parlour	parlús
parrot	pearóid
parsnip	meacan bán
part	páirt/cuid
partridge	patraisc
party	páirtí/cóisir
pass	pas
passage	pasáiste
passenger	paisinéir
pasture	féarach
patch	paiste
path	cosán
patience	foighne
patient[1]	othar
patient[2]	foighneach
pattern	patrún
patron	pátrún
pause	sos
pavilion	pailliún
paving	pábháil

paw .... lapa
payment .... íoc
peace .... síocháin
peaceful .... suaimhneach
peach .... péitseog
peacock .... péacóg
peanut .... pis talún
pear .... piorra
pearl .... péarla
peas .... piseanna
pebble .... púróg
peculiar .... aisteach
pedestrian .... coisí
peg .... pionna
pelican .... peileacán
pellet .... millín
pen .... peann
pencil .... peann luaidhe
penguin .... piongain
penny .... pingin
people .... daoine
pepper .... piobar
perfume .... cumhrán
periscope .... peireascóp
permanent .... seasta
permission .... cead
person .... duine/pearsa
personal .... pearsanta
perspiration .... allas

pet .... peata
petal .... peiteal
petrol .... peitreal
pheasant .... piasún
photograph .... grianghraf
phrase .... frása
physician .... lia
piano .... pianó

pickaxe .... piocóid
pick (v) .... pioc
pickle .... picil
picnic .... picnic
picture .... pictiúr
pie .... pióg
piece .... píosa/giota
pig .... muc

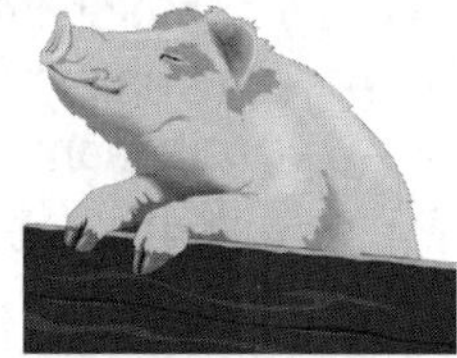

pigeon .... colúr
piglet .... banbh
pigmy .... pigmí
pike .... liús
pinch .... liomóg
pile .... carn
pilgrim .... oilithreach
pill .... piollaire
pillow .... piliúr
pilot .... píolóta

pimple .... goirín
pincers .... pionsúr
pine .... péine
pineapple .... anann
pink .... bándearg
pint .... pionta
pious .... diaganta/cráifeach
pipe[1] .... píobán
pipe[2] (smoke) .... píopa
piper .... píobaire
pirate .... píoráid
pistol .... piostal
pity .... trua

place .... ionad/áit
placid .... sochma
plague .... plá
plan .... plean/seift
plane .... plána
planet .... pláinéad
plant .... planda
plaster .... plástar

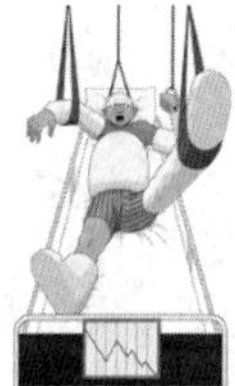

plastic .... plaisteach
plate .... pláta
platform .... ardán
play .... dráma
playful .... cleasach
playing[1] .... imirt/súgradh
playing[2] (music) .. seinm
pleasure .... pléisiúr/sult
pleat .... pléata
plop .... plab
plot .... plota
plough .... céachta

plug .... pluga/stopallán
plum .... pluma
plumber .... pluiméir
plundering .... foghail
plural .... iolra
plus .... móide
pneumonia ...... niúmóine
poaching .... póitseáil
pocket .... póca
poem .... dán

poet .... file
poetry .... filíocht
point .... pointe
poison .... nimh
poker .... priocaire
pole[1] .... polla
pole[2] .... mol
pollen .... pailin
polish .... snas
pond .... dabhach
pony .... capaillín
poodle .... púdal
pool .... linn
poor .... bocht
poplar .... poibleog
population .... daonra
porch .... póirse
pork .... muiceoil
porpoise .... muc mhara
porridge .... leite
porter .... doirseoir
portion .... cuid
portrait .... portráid

possible .... indéanta
postman .... fear an phoist
post office .... oifig an phoist
postpone .... cur siar
post .... post
poster .... póstaer
posy .... pósae
pot .... corcán/pota
potato .... práta/fata
potter .... potaire
pound .... punt
powder .... púdar
power .... cumhacht

practice (n) ······· cleachtadh
practical ·········· praiticiúil
practise (v) ······· cleacht
praise ············ moladh
pram ·············· naíchóiste
prattling ········· clabaireacht
pray (v) ·········· guigh
prayer ············ paidir
preface ··········· réamhrá
prepare (v) ······· ullmhaigh
president ········· uachtarán
press[1] (squeeze) · brú
press[2] ············ cófra
pretending ······· ligean ort
pretty ············· gleoite

prevent ··········· cosc
price ·············· praghas
prick (v) ·········· prioc
pride ·············· bród/mórtas
priest ············· sagart
prime ·············· príomh-
primrose ·········· sabhaircín
prince ············· prionsa
princess ·········· banphrionsa

print ·············· cló
prison ············ príosún
prisoner ·········· príosúnach
private ············ príobháideach
prize ·············· duais
problem ··········· fadhb
procession ······· mórshiúl

produce (v) ······ léirigh/táirg
producer ········· léiritheoir
production ······· léiriú
profit ············· brabach
progress ········· dul chun cinn
promise (v) ······ geall
pronunciation ··· fuaimniú
proof ············· dearbhú/cruthú
proper ············ cuí
propellor ········· lián
prophet ·········· fáidh
prophecy ········· fáistine
prosperity ········ rathúnas
protect (v) ········ cumhdaigh
protection ········ coimirce
protest ··········· agóid
proud ············· mórtasach/ mórálach
proverb ··········· seanfhocal
provide ··········· soláthair
province ·········· cúige
public ············ poiblí
pudding ·········· maróg
puff ··············· puth
puffin ············· puifín

pull (v) ············ tarraing
pulse ············· cuisle
punctuation ······ poncaíocht
punishment ······ pionós
pup ··············· coileán
pupil[1] ············· dalta
pupil[2] (of eye) ···· mac imrisc
puppet ··········· puipéad
purple ············ corcra
purpose ·········· aidhm
purr ·············· crónán
purse ············· sparán

pyramid ········· pirimid
python ········· píotón

Qq

quack ········· vác
quart ········· cárt
quarter ········· ceathrú
quarrell ········· achrann
quay ········· cé
queen ········· banríon
question ········· ceist
questionnaire ········· ceistiúchán
queue ········· scuaine
quick ········· mear/pras
quilt ········· cuilt

Rr

rabbit ········· coinín
rabbit-warren ········· coinicéar
race ········· rás
rack ········· raca
racket ········· raicéad
radiator ········· radaitheoir
radio ········· raidió
radish ········· raidis
radius of circle ········· ga ciorcail
raft ········· rafta
rag ········· ceirt
railing ········· ráille
railway ········· iarnród/ bóthar iarainn
rain ········· báisteach/ fearthainn
rainbow ········· bogha báistí/ stua ceatha

raincoat ········· cóta fearthainne
raisin ········· rísín
rake ········· ráca
ram ········· reithe
ranch ········· rainse
range ········· raon/réimse
rash ········· gríos/bruth
raspberry ········· sú craobh
rat ········· francach
rate ········· ráta
raven ········· fiach
raw ········· amh
ray ········· roc
razor ········· rásúr
read (v) ········· léigh
reading ········· léamh
ready ········· ullamh/réidh
rear ········· cúl
reason ········· réasún
reasonable ········· réasúnta
recipe ········· oideas

record ········· ceirnín; taifead (v)
recording ········· taifeadadh
rectangle ········· dronuilleog
red ········· dearg
red-haired ········· rua
reeds ········· giolcach
reel ········· ríl
referee ········· réiteoir
reference ········· tagairt
reflection[1] ········· scáil
reflection[2] (mind) machnamh
refrigerator ········· cuisneoir
refuse (v) ········· diúltaigh
region ········· róigiún
regret ········· aiféala/cathú
regular ········· rialta

reindeer ·········· réinfhia

relationship ······ gaol
release (v) ········ fuascail
relief ·············· faoiseamh
religious ········· cráifeach
reluctance ······· drogall
remainder ········ fuíoll
remains ·········· fuílleach
remember (v) ···· meabhraigh
remembrance ···· cuimhneamh
rent ··············· cíos
repair (v) ········· deisigh
report ············ tuairisc/faisnéis
reptile ············ earc
republic ·········· poblacht
reputation ········ clú
request ··········· iarraidh
rescue ············ tarrtháil/sábháil
research ········· taighde
resembling ······· cosúil
respect ··········· urraim
responsibility ···· cúram
rest ··············· scíth

restaurant ········ bialann
restraint ·········· ceansú
result ············· toradh
results ············ torthaí
return (v) ········· fill
revenge ·········· díoltas
reversal ·········· cúlú

revolution ········ réabhlóid
revolver ·········· gunnán
rhinoceros ······· srónbheannach
rhubarb ·········· biabhóg
rhyme ············ rím
rhythm ··········· rithim
rib ················ easna
ribbon ············ ribín
rice ··············· rís
rich ··············· saibhir
rider ·············· marcach
ridge ·············· dromchla/iomaire
riding ············· marcaíocht
right ·············· ceart; deas
right angle ······· dronuillinn
right-hand ········ deis; deasóg
rigid ··············· docht
ring ················ fáinne
ring-fort ·········· lios
rim ················ fonsa
riot ················ círéib
rip ················· roiseadh
ripe ················ aibí
rise ················ éirí
risk ················ fiontar
river ··············· abhainn
rivers ············· aibhneacha
road ··············· bóthar
roar ················ géim

roast ·············· róstadh
royal ·············· ríoga
rob ················ robáil
robe ··············· róba
robin ·············· spideog
rock ··············· carraig
rocket ············· roicéad
rod ················ slat

rogue .... rógaire
roll .... rolla
rope .... rópa/téad
roof .... díon
room .... seomra
roost (hen) .... fara
root .... rúta/fréamh
rose .... rós
rot (v) .... lobh
rotten .... lofa
rough .... garbh
round .... cruinn/timpeall

row .... sraith
rowing .... rámhaíocht/ iomramh
royal .... ríoga
rubber .... rubar
rubbing .... cuimilt
ruby .... rúibín
rude .... garg

rug .... ruga/súsa
ruin .... fothrach
rule (v) .... rialaigh
rummaging ...... póirseáil
rumour .... ráfla/iomrá
run .... rith
rung .... runga
rush .... ruathar/fuadar
rushes .... luachair
russet .... rua
rust .... meirg

rye .... seagal

Ss

sack .... sac
sad .... brónach
saddle .... diallait
safe[1] .... sábháilte
safe[2] (money) .... taisceadán
saga .... sága
sail .... seol
sailor .... mairnéalach
saint .... naomh

salad .... sailéad
salary .... tuarastal
sale .... díolachán
saliva .... seile
salmon .... bradán
salt .... salann
salty .... goirt
same (the) .... céanna/ionann
sample .... sampla
sand .... gaineamh
sandal .... cuarán
sandwich .... ceapaire
sardine .... sairdín
sash .... sais
satellite .... satailít
satin .... sról
satisfaction ...... sásamh
satisfactory ...... sásúil
satisfy (v) .... sásaigh
sauce .... anlann
saucepan .... sáspan

saucer	fochupán
sauntering	spaisteoireacht
sausage	ispín
save	sábháil
saving	coigilt
saviour	slánaitheoir
saw	sábh
sawdust	min sáibh
scald (v)	scól
scale	scála
scales	meá

scarce	gann
scarecrow	fear bréige
scarf	scaif
scatter (v)	scaip
scholar	scoláire
scholarship	scoláireacht
school	scoil
schoolbag	mála scoile
scientist	eolaí
science	eolaíocht
scissors	siosúr
scone	bonnóg
scoop	scaob
score (v)	scóráil
scoundrel	bithiúnach
scrape (v & n)	scríob
screech	scréach
screen	scáileán
screw	scriú
scribble (v & n)	scrábáil
scrub (v)	sciúr
sea	farraige/muir
seagull	faoileán
sea-horse	each mara/capall mara
seal[1] (v)	séalaigh

seal[2] (mammal)	rón
search	tóraíocht; lorg (v)

searching	cuardach
season	séasúr/ráithe
seat	suíochán
sea water	sáile
seaweed	feamainn
second	soicind
secret	rún
secretary	rúnaí
section	rannóg
secure	daingean
see	feic
seed	síol
see-saw	maide corrach
seizure	gabháil
self-important	mórchúiseach
self-importance	mórchúis
sell	díol

senior	sinsear
sense	ciall
sensible	ciallmhar
sentence	abairt
sentry	fairtheoir
separate (v)	scar
separation	deighilt
sergeant	sáirsint
serious	dáiríre
sermon	seanmóir
servant	seirbhíseach
service	seirbhís

session .... seisiún
settle (v) .... lonnaigh/socraigh
seven .... seacht
seven (persons) .. seachtar
severe .... dian
sewing .... fuáil
sex .... gnéas
shack .... seantán
shade .... scáth
shadow .... scáil
shaking .... croitheadh
shame .... náire
shamrock .... seamróg
shape .... cuma
shark .... siorc

sharp .... géar
shatter (v) .... réab
shave (v) .... bearr
shawl .... seál
she .... ise
sheaf .... punann
shears .... deimheas
shed .... bothán
sheep .... caora
sheet .... braillín
shelf .... seilf
shell .... blaosc/sliogán
shelter .... foscadh/scáthlán/dídean
shepherd .... aoire
shield .... sciath
shin .... lorga
ship .... long
shirt .... léine
shiver .... crith
shoe[1] .... bróg
shoe[2] (for animal) crú; crúigh (v)

shoelace .... iall
shooting .... lámhach
shop .... siopa
shore .... cladach
short .... gairid/gearr
shortage .... ganntanas
short-cut .... aicearra
shoulder .... gualainn
shoulders .... guaillí

shout .... béic
shove .... brú
shovel .... sluasaid
shower .... cith; cithfholcadh

shrinkage .... crapadh
shrub .... tor
shutter .... comhla
shy .... cúthail
sick .... breoite/tinn
side .... taobh/cliathán
sideboard .... cornchlár
siege .... léigear
sieve .... criathar
sigh .... osna
sign .... comhartha
sight .... radharc
signature .... síniú
silence .... ciúnas/tost
silk .... síoda
silly .... éaganta
silversmith .... gabha geal
simple .... simplí

sin .... peaca; peacaigh (v)
sing (v) .... can
single .... singil
sink[1] (v) .... suncáil
sink[2] (n) .... doirteal
siren .... bonnán
sister[1] (nun) .... siúr
sister[2] .... deirfiúr
sit .... suí
site .... suíomh
six[1] .... sé
six[2] (persons) .... seisear
skate .... scáta; scátáil (v)
ski .... sciáil
skill .... scil
skilled .... oilte
skin .... cneas/craiceann
skip .... scipeáil
skipper .... scipéir
skirt .... sciorta
skeleton .... creatlach/cnámharlach

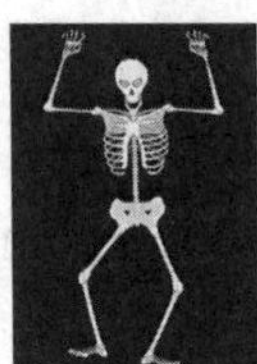

sketch .... sceitse; sceitseáil (v)
skull .... cloigeann; blaosc
skunk .... scúnc
sky .... spéir
sky-scraper .... teach spéire
slant .... sceabha
slate .... slinn/scláta
slave .... daor/sclábhaí
sledge .... carr sleamhnáin
sleep .... codladh
sleepy .... codlatach
sleet .... flichshneachta
sleeve .... muinchille
slender .... seang
slice .... slis; scor (v)

slide .... sciorradh
sling .... crann tabhaill
slip (v) .... sciorr
slipper .... slipéar
slippery .... sleamhain
slope .... fána
slow .... mall/fadálach

slug .... drúchtín
small .... beag/mion
smaller .... níos lú
smallness .... laghad
smart .... cliste
smell (v) .... bolaigh
smith .... gabha
smoke .... toit/deatach
smooth .... mín
smothered .... plúchta
smothering .... múchadh
smudge .... smál
smuggle .... smuigleáil
snail .... seilide
snake .... nathair
snap .... snap
snarling .... drannadh

snatch .... sciobadh
sneeze .... sraoth
snooker .... snúcar
snore (v) .... srann
snow .... sneachta
snowdrop .... plúirín sneachta
snowman .... fear sneachta

soap .... gallúnach
society .... cumann
socket .... soicéad
sod .... fód
sofa .... tolg
soft .... bog
soldier .... saighdiúir
solemn .... sollúnta
sometimes .... uaireanta
son .... mac
song .... amhrán

sons .... mic/clann mhac
soot .... súiche
sore .... tinn
sorrow .... dobrón/brón/buairt
sorrowful .... dubhach
sort .... sórt; sórtáil (v)
so (that) .... ionas go
soul .... anam
sound .... fuaim

soundness .... fuaimint
soup .... anraith
source .... foinse
south .... deisceart
southwards .... ó dheas
sow[1] .... cráin
sow[2] (v) .... cuir
space .... spás
spaceship .... spáslong
spade .... spád
spaniel .... spáinnéar

sparing .... spáráil
spark .... splanc
sparkle .... drithle; drithligh (v)
sparrow .... gealbhan
sparse .... scáinte
speak .... labhair
speaking .... labhairt
spear .... sleá
spectacles .... spéaclaí
speech .... óráid/urlabhra
speed .... luas
spell .... litrigh
spelling .... litriú
spice .... spíosra
spider .... damhán alla

spike .... spíce
spinach .... spionáiste
spinning .... sníomh
spirit[1] .... meanma
spirit[2] .... spiorad
split .... scoilt
sponge .... spúinse
spool .... spól
spoon .... spúnóg
sport .... spórt
spot .... spota
sprain .... leonadh
spread (v) .... leath
spring (season) .... earrach
spurt .... rúid
spy .... spiaire
square .... cearnóg
squirrel .... iora rua
squirt .... scaird
stab .... sá
stable .... stábla
stack .... cruach

staff .... foireann
stage .... ardán/stáitse
stairs .... staighre
stake .... stáca
stale .... stálaithe
stalk .... gas
stall .... stalla
stallion .... stail
stamp .... stampa; stampáil (v)
stand[1] .... seastán
stand[2] .... seasamh
standard .... caighdeán
star .... réalta
stare .... stánadh
starfish .... crosóg
starling .... druid
starry .... réaltógach
start .... tosach; tosaigh (v)
statement .... ráiteas
station .... stáisiún
statue .... dealbh

stay (v) .... fan
steady .... socair
steak .... stéig
steal .... goid
steam .... gal
steeple .... spuaic
step .... céim
stew .... stobhadh
stick .... maide
stiff .... righin
sting .... cealg
stirrup .... stíoróip
stockings .... stocaí
storm .... stoirm
stomach .... goile; bolg
stone .... cloch

stool .... stól
stop (v & n) ...... stad/stop

storage .... stóráil
store .... stór; stóráil (v)
storeroom .... stóras
stoat .... easóg
stove .... sornóg
story .... scéal
straight .... díreach
straighten .... dírigh
strainer .... stráinín
strange .... ait
stranger .... strainséir
strap .... strapa
straw .... tuí
strawberry .... sú talún
straying .... fán/seachrán
stream .... sruthán
street .... sráid
strength .... neart

stress .... strus/stró
strike .... stailc
strip .... stráice
stroll .... siúlóid
strong .... láidir
struggling .... strácáil
stubborn .... ceanndána/righin
student .... mac léinn
studio .... stiúideo
study .... staidéar
stupid[1] .... bómánta

stupid[2] (person)	dúramán
style	stíl
subject	ábhar
submarine	fomhuireán
subtract	dealaigh
subtraction	dealú
suck	diúl
sudden	tobann
suede	svaeid
suffer (v)	fulaing
sugar	siúcra
suit	culaith
suitable	oiriúnach
sulk	pus
summer	samhradh
sun	grian
sunbeam	ga gréine
sunrise	éirí gréine
sunset	luí gréine
sunny	grianmhar
supper	suipéar
support	taca
supermarket	ollmhargadh
sure	siúráilte
surgeon	máinlia
surname	sloinne
survey	suirbhé
syrup	síoróip
swagger	guailleáil
swallow[1] (bird)	fáinleog
swallow[2]	slog
swan	eala
swearing	mionnú
sweet[1]	milseán
sweet[2] (taste)	milis
swim	snámh
swing[1] (v)	luasc

swing[2]	luascán
swoon (faint)	fanntais
swop	babhtáil
sword	claíomh

Tt

table	bord
tablecloth	scaraoid
tablet	táibléad
tadpole	torbán
tail	eireaball
tailor	táilliúir
take care	seachain
talent	tallann/éirim
talk	caint
tambourine	tambóirín
tan (colour)	crón
tank	tanc
tanker	tancaer
tap	sconna
tape	téip
tape-recorder	téipthaifeadán
tar	tarra
taste	blas; blais (v)
tax	cáin
taxi	tacsaí

tea	tae
teach	teagasc
teacher	múinteoir
teaching	múineadh
team	foireann
teapot	taephota
tear[1]	deoir

tear[2] (v)	stróic
teat	sine
technical school	ceardscoil
tedious	fadálach
teenager	déagóir
teeth	déada/fiacla

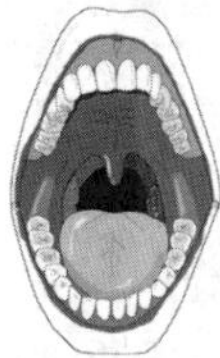

telephone	teileafón/guthán/ fón
telescope	teileascóp
television	teilifís/teilifíseán
tenant	tionónta
tendency	claonadh
tennis	leadóg
tennis court	cúirt leadóige
ten[1]	deich
ten[2] (persons)	deichniúr
tent	puball
term	téarma
terrace	léibheann
terrible	millteanach
territory	críoch
terror	sceimhle

test	tástáil/teist
testimony	fianaise
thankful	buíoch
thanks	buíochas/go raibh maith agat
theatre	amharclann
theme	téama
there	ansin
therefore	dá bhrí sin

thermometer	teirmiméadar
thick	tiubh
thief	meirleach/gadaí
thieving	gadaíocht
thigh	ceathrú
thimble	méaracán
thin	tanaí
thing	rud/ní
thirst	tart
thistle	feochadán
thorn	dealg
thorny	deilgneach
thousand	míle
thrashing	léasadh
thread	snáth
threat	bagairt
three[1]	trí
three[2] (persons)	triúr
threshold	tairseach
throat	scornach/ sceadamán

throb	preab
throw (v)	caith
thrush	smólach
thumb	ordóg
thump	tailm
thunder	toirneach
ticket	ticéad
tickle	cigilt
tide	taoide
tidy	deismir
tie[1] (v)	ceangail
tie[2] (clothes)	carbhat
tiger	tíogar
timber	adhmad
time	am

timely tráthúil
tin stán
tinkle cling
tiny bídeach
tired tuirseach
tiredness tuirse
tiring tuirsiúil
title teideal
toast tósta
tobacco tobac
today inniu
toe ladhar/méar coise
together in éineacht

toil dua
toilet leithreas
tomato tráta
tomb tuama
tomorrow amárach
ton tonna
tongs tlú
tonight anocht
top mullach/barr
torch tóirse; lóchrann
torment (v) ciap
tormented cráite
tortoise toirtís
towel tuáille
tower túr
town baile
toy bréagán
trace rian
tractor tarracóir
trade ceird
trap sáinn/gaiste; sáinnigh (v)
trapeze maide luascáin

travel taisteal; taistil (v)
tranquillity suaimhneas
traffic trácht
translate aistrigh
translation aistriú
transfer aistriú; aistrigh (v)
transparent gléineach
trash dramhaíl/truflais
tray tráidire
train traein
trawler trálaer
training traenáil/oiliúint

trait tréith
tread satailt
tree crann
tremble creathán; crith (v)
trial triail
triangle triantán
tribe treibh
trick cleas
trolley trucail
troop buíon
trophy corn
trot sodar
trouble trioblóid
trousers bríste
trout breac
true fíor
trumpet troimpéad

trunk trunc
trust muinín/iontaoibh

truth	fírinne
tub	dabhach/tobán
tube	feadán/tiúb
tug-of-war	tarraingt téide
tulip	tiúilip
tumbler	timbléar
tune	tiúin/port/fonn
tunnel	tollán
turf	móin
turkey	turcaí
turn (v)	iompaigh
turnip	tornapa
turtle	turtar
tutor	oide
tweed	bréidín
twilight	clapsholas
twins	cúpla
twist	cor
two[1]	dó/dhá
two[2] (persons)	beirt
type	clóscríobh
typewriter	clóscríobhán
tyre	bonn

Uu

ugly	gránna
umbrella	scáth fearthainne
uncle	uncail
understanding	tuisceanach
uniform	éide

unit	aonad
unsteady	corrach
until	go dtí

unwillingness	doicheall
up	suas
uproar	rírá/raic
upset	suaite
upside down	bunoscionn
urgent	práinneach
urn	próca
use	úsáid
useful	úsáideach/fónta
usefulness	fónamh

Vv

vague	doiléir
valley	gleann
valuable	luachmhar
value	luach; luacháil (v)
van	veain
various	éagsúil
veal	laofheoil
vegetables	glasraí
vehicle	feithicil

vein	cuisle/féith
velvet	veilbhit
verse	véarsa
vessel	árthach
vest	veist
vet	tréidlia
victory	bua
video	físeán
view	radharc
villain	cladhaire
village	sráidbhaile
vindictive	nimhneach

vine .... fíniúin
vinegar .... fínéagar
violence .... foréigean
violet .... sailchuach
violin .... veidhlín
vision .... aisling
visit .... cuairt
vitamins .... vitimíní
vocational school gairmscoil
voice .... guth/glór
volcano .... bolcán
vote .... vótáil
vow .... móid
vowels .... gutaí

Ww

wages .... pá
wagon .... vaigín
wagtail .... glasóg
wailing .... olagón
waist .... básta/coim
wait .... fanacht/feitheamh; fan (v)
waiter .... freastalaí
wall .... balla/claí/falla
wallet .... vallait
walk .... siúl; siúil (v)

walrus .... rosualt
wanderer .... fánaí/deoraí
war .... cogadh
ward .... barda
warder .... bairdéir
wardrobe .... vardrús

warm .... teolaí
warning .... rabhadh
warrior .... gaiscíoch
wart .... faithne
wash (v) .... nigh
wasp .... foiche
waste[1] .... diomailt
waste[2] .... vástáil
wasted .... amú
watch[1] .... uaireadóir
watch[2] (v) .... fair
water .... uisce
water-channel ... clais
waterfall .... eas
water lily .... duilleog bháite
water meadow ... inse
waterproof .... uiscedhíonach

watery .... uisciúil
wave (sea) .... tonn
wax .... céir
way .... bealach/slí
weather .... aimsir
weaver .... fíodóir
weaving .... fí
weak .... lag/fann
weakness .... laige
weakening .... lagú
weakling .... meatachán
wealth .... saibhreas/rachmas/ maoin
wear (v) .... caith
wedding .... pósadh
wedding feast ... bainis
weeds .... fiaile
week .... seachtain
week-end .... deireadh seachtaine
weep (v) .... caoin

weeping ·········· gol
weight ············ meáchan
welcome ········· fáilte
well ················ tobar
well-behaved ···· múinte
west[1] (to the) ····· siar
west[2] (in the) ····· thiar
west[3] (from the) ·· aniar
wet ················ fliuch
whale ············· míol mór
what? ············ céard? cad?
wheat ············· cruithneacht
wheel ············· roth
when ············· nuair
when? ············ cathain?
while ············· tamall
whip ·············· lasc/fuip

whipping ········· lascadh
whirl ·············· rothlú/guairneán; rothlaigh (v)
whiskey ·········· uisce beatha/fuisce
whisper ·········· cogar
whistle[1] ··········· feadóg
whistle[2] (v) ······· fead
white ············· bán
whitethorn ······· sceach gheal
who? ············· cé?
widespread ······ forleathan
widow ············ baintreach
widower ·········· baintreach fir
width ············ leithead
wife ··············· bean chéile
wild ··············· fiáin
will[1] ················ uacht
will[2] (will-power) ·· toil
willow ············ saileach
wind ·············· gaoth

winding ·········· tochras
windmill ·········· muileann gaoithe
window ··········· fuinneog
wine ·············· fíon
wing ·············· sciathán/eite
winter ············ geimhreadh
wisdom ·········· tuiscint/eagna
wise[1] ·············· críonna
wise[2] (person) ···· saoi
witch ············· cailleach
wither ············ feoigh
witness ··········· finné
wizard ············ draoi

wolf ··············· mac tíre
woman ··········· bean
women ··········· mná
wonder ··········· ionadh/iontas
wonderful ········ éachtach/iontach
wood ·············· coill
woodpecker ····· cnagaire

woodwork ········ adhmadóireacht
wool ··············· olann
word ·············· focal
work ·············· obair; oibrigh (v)
working ·········· oibriú
work-party ······· meitheal
world ············· domhan
worm ············· péist
worried ··········· buartha
worse ············· measa
worship ·········· adhradh

worth[1]	fiúntas

worth[2]	fiú
wound	goin/créacht
wreath	bláthfhleasc
wreck	raic
wren	dreoilín
wrench	rinse
wrestling	iomrascáil
wriggling	lubarnaíl
wrist	rosta
write	scríobh
writing	scríbhneoireacht
wrong	éagóir/cearr/ contráilte

Xx

x-ray	x-gha
xylophone	xileafón

Yy

yacht	luamh
yard	clós
yawn	méanfach
year	bliain
yell	liú

yellow	buí
yelp	sceamh
yesterday	inné
yet	fós
yew	iúr
yoghurt	iógart
young	óg
youth[1]	óige
youth[2] (person)	ógánach
yo-yo	yó-yó

Zz

zebra	séabra
zig-zag	fiarlán
zinc	sinc
zip	sip
zoo	zú

Uimhreacha – Numbers

náid	0
a haon	1
a dó	2
a trí	3
a ceathair	4
a cúig	5
a sé	6
a seacht	7
a hocht	8

a naoi	9
a deich	10
a haon déag	11
a dó dhéag	12
a trí déag	13
a ceathair déag	14
a cúig déag	15
a sé déag	16
a seacht déag	17
a hocht déag	18

a naoi déag	19
fiche	20
fiche a haon	21
fiche a dó	22
tríocha	30
daichead (dhá scór)	40
caoga (leathchéad)	50
seasca	60
seachtó	70
ochtó (ceithre scór)	80
nócha	90
céad	100
céad a haon	101

céad is daichead	140
trí chéad	300
seacht gcéad	700
míle	1,000
milliún	1,000,000

duine	one person
beirt	two people
triúr	three people
ceathrar	four people
cúigear	five people

seisear	six people
seachtar	seven people
ochtar	eight people
naonúr	nine people
deichniúr	ten people

Na Séasúir – The Seasons

An tEarrach	Spring
An Samhradh	Summer
An Fómhar	Autumn
An Geimhreadh	Winter

Na Míonna – The Months

Eanáir	January
Feabhra	February
Márta	March
Aibreán	April
Bealtaine	May
Meitheamh	June
Iúil	July
Lúnasa	August
Meán Fómhair	September
Deireadh Fómhair	October
Samhain	November
Nollaig	December

Laethanta na Seachtaine
Weekdays

Dé Luain	Monday
Dé Máirt	Tuesday
Dé Céadaoin	Wednesday
Déardaoin	Thursday
Dé hAoine	Friday
Dé Sathairn	Saturday
Dé Domhnaigh	Sunday

Briathra – Verbs

Verb	Aimsir Láithreach	Aimsir Chaite	Aimsir Fháistineach
buy	ceannaím	cheannaigh mé	ceannóidh mé
clean	glanaim	ghlan mé	glanfaidh mé
close	dúnaim	dhún mé	dúnfaidh mé
collect	bailím	bhailigh mé	baileoidh mé
come	tagaim	tháinig mé	tiocfaidh mé
do	déanaim	rinne mé	déanfaidh mé

Verb	Aimsir Láithreach	Aimsir Chaite	Aimsir Fháistineach
drink	ólaim	d'ól mé	ólfaidh mé
dry	triomaím	thriomaigh mé	triomóidh mé
eat	ithim	d'ith mé	íosfaidh mé
get	faighim	fuair mé	gheobhaidh mé
give	tugaim	thug mé	tabharfaidh mé
go	imím	d'imigh mé	imeoidh mé
hear	cloisim	chuala mé	cloisfidh mé
hurry	brostaím	bhrostaigh mé	brostóidh mé
knock down	leagaim	leag mé	leagfaidh mé
leave	fágaim	d'fhág mé	fágfaidh mé
listen	éistim	d'éist mé	éisteoidh mé
look	féachaim	d'fhéach mé	féachfaidh mé
open	osclaím	d'oscail mé	osclóidh mé
prepare	ullmhaím	d'ullmhaigh mé	ullmhóidh mé
put	cuirim	chuir mé	cuirfidh mé
reach	sroichim	shroich mé	sroichfidh mé
run	rithim	rith mé	rithfidh mé
say	deirim	dúirt mé	déarfaidh mé
see	feicim	chonaic mé	feicfidh mé
sit	suím	shuigh mé	suífidh mé
start	tosaím	thosaigh mé	tosóidh mé
stop	stadaim	stad mé	stadfaidh mé
throw	caithim	chaith mé	caithfidh mé
to be	táim	bhí mé	beidh mé
wake up	dúisím	dhúisigh mé	dúiseoidh mé
walk	siúlaim	shiúil mé	siúlfaidh mé
wash	ním	nigh mé	nífidh mé